등산로가 100곳 넘는 팔공산! 신라시대 때 아버지산父岳(부악)이라 불렸던 산! 나라의 중심 진산鎭山으로 여겨져 중악中岳이라 했고, 우러름을 받아 공산公山이라는 존칭까지 얻었던 명산! '더위', '보수'와 함께 "대구"를 상징하는 그 이름, 팔공산! 여러분을 팔공산으로 초대합니다.

대구 팔공산 역사문화자연유산 답사여행

- 책을 펴내며 · 198

- 팔공산의 역사와 문화 계승 · 05
- 팔공산 주요 유산 일람 · 18
    답사 일주 순서 · 18 / 팔공산의 규모 · 20 / 이름 유래 · 21
    등산로, 동화사 · 23 / 파계사, 부인사, 송림사, 도덕암 · 25
    가산산성, 가산바위 · 27 / 갓바위 · 28
    팔공산 전경을 보려면 · 28
- 팔공산은 독립운동 유적 · 29
- 왕건 유적 · 30 / 신숭겸 유적지 · 45
- 가산산성, 그리고 대구의 성들 · 51
- 공산산성 · 61 / 오도암, 원효굴 · 69
- 동화사 · 70 / 마애여래불좌상 · 74 / 봉황문 · 78
    당간지주, 사적비 · 81 / 통일 대불 · 83 / 도학동 승탑 · 84
    금당암 동서 삼층석탑, 극락전, 수마제전 · 85
    영남치영아문, 대웅전, 심검당, 조사전 · 96
    비로암 비로자나불좌상, 삼층석탑 · 101
- 염불암 청석탑, 불상 2기, 일인석 · 108

▓ 파계사 · 111 / 송정동 석불입상 · 111
　영조대왕 도포 · 112 / 파계사 답사 순서 · 113
　진동루, 원통전 · 114 / 관음보살좌상, 수미단 · 118
　신령각, 기영각, 설선당, 적묵당 · 120 / 성전암 · 122
　신무동 마애불좌상 · 123 / 용수동 당산 · 124
▓ 부인사 · 125 / 답사 순서 · 126 / 대장경 · 129
　임진왜란과 부인사 · 133
　다시 부인사를 찾으며 · 143
▓ 선본사 · 149
▓ 갓바위 · 155 / 다시 갓바위를 찾으며 · 165
▓ 군위 아미타여래삼존 석굴 · 169
▓ 송림사 · 172 / 칠곡 기성리 삼층석탑 · 172
　오층전탑 · 174 / 석가여래삼존좌상 · 175
　아미타여래삼존좌상 · 177 / 삼장보살좌상 · 178
　▓ 북지장사 지장전 · 180 / 지장보살좌상 · 181
　　삼층석탑 · 182 / 수릉 향탄 금계 표석 · 182
　▓ 팔공산 단풍 · 184
　▓ 팔공산의 폭포 · 188

팔공산
비로봉 정상석

팔공산을 찾아서

대구에서 1900년 출생한 현진건은 1918년 상해로 떠날 때까지 줄곧 대구에 거주했습니다. 중국 유학 중 당숙 현보운에 입양되어 1919년 귀국한 현진건은 1943년 타계할 때까지 서울에서 생활했습니다.

서울에 거주할 때에도 현진건은 아버지 현경운, 그리고 이상화 등 벗들이 있는 고향 대구를 늘 기억했습니다. 1920년 첫 소설 〈희생화〉를 발표하면서 "그(남자 주인공)는 대구 사람이다. 그의 부모는 아직도 대구에 산다"라고 기술할 정도였습니다.

대표작 중 한 편인 〈고향〉(1926년)이 "대구에서 서울로 올라오는 차중에서 생긴 일이다"로 시작하는 것은 널리 알려진 일입니다. 후기 대표작으로 일컬어지는 〈신문지와 철창〉(1929년) 역시 "나는 어줍잖은 일로 삼남 지방 T경찰서 유치장에서 며칠을 보낸 일이 있다"가 첫 문장입니다.

현진건을 연구하고 현창하기 위해 활동 중인 '현진건玄鎭健학교'는 현진건의 애향정신을 이어받기 위해 수시로 '대구 여행'을 실시하고, 유튜브 '현진건학교'에 대구 답사기를 올리고 있습니다. 오늘은 팔공산을 답사합니다.

팔공산의 역사와 문화 계승 *

 개인 습관이든 사회제도든 바꾸기는 참으로 어렵다. 大丘를 大邱로 바꾸는 데 104년 걸렸다(그 까닭이 우스꽝스럽지만)2). 일제가 붙인 이름 '국민國民학교'를 버리는 데도 51년(1945~1996)이나 걸렸다(독립한 뒤인데도 그랬다. 정작 일본은 1945년 이후 2년 만인 1947년에 그 이름을 버렸는데!).
 단군檀君을 대구신사神社 건물에 21년(1945~1966)이나 모시기도 했다. 경상감영이 설치되기도 했던 국가 주요 군사시설 '대구 달성達城'은 《삼국사기》의 261년 축성 기

---

 *이 글은 2024년 3월 5일 환경부·국립공원공단 주최·주관 〈팔공산 국립공원 지정 심포지엄(장소: 대구 엑스코)〉에서 발표된 주제발표문을 단행본 수록용으로 약간 수정한 것입니다.

 2) 대구 선비들이 1750년(영조 26) 임금 영조에게 大丘의 丘가 공자 이름 孔丘의 글자이므로 지명에 쓸 수 없으니 大邱로 바꾸어 달라고 청원했다. 영조가 丘를 지명으로 사용하는 곳이 대구 외에도 많이 있고, 지금까지의 선현들이 그것을 몰라서 아무 말이 없었겠느냐顯丘之名尙今在焉昔之先賢豈不覺此면서 요즘 대구 유생들은 신기한 짓을 일삼고 있다儒生之務爲新奇고 꾸짖었다. 그런데도 대구 사람들은 끈질기게 大邱를 사용한 끝에 마침내 1854년(철종 5) 大丘를 몰아내고(?) 大邱가 《조선왕조실록》에 오르도록 만들었다.

록에도 불구하고 1905년 달성'공원', 1970년 '동물원'으로 격하된 이래 오늘도 국가사적史蹟 안에서 테니스를 치는 세계 보기 드문 진풍경에 시달리고 있다.

 1980년 이래 43년째 도道립공원이던 팔공산이 국國립공원으로 '신분 상승'을 이루었다. 이에 따르는 경제적 가치 2479억 원과 연간 탐방객 100만 명 증가(358만〉458만)라는 보전 및 이용 가치 상승이 대구에 선사될 것으로 전망된다. 즉 지금은 '국립공원 승격'을 팔공산 정명正名 회복의 계기로 극대화할 시무책時務策 강구에 진력할 시점이다. 21세기 최대 산업이 관광산업이고, 관광산업의 핵심요소가 '체험' 중심 문화관광이라는 사실에 근거해 팔공산의 역사와 문화를 면밀히 짚어야 한다. "사유思惟의 산물인 문화유산은 문화의 핵심 구성요소로, 지역발전의 원동력이자 주요 수단"이라고 강조한 유네스코의 인식을 현실에 적용해야 한다는 말이다.

("이름에 걸맞게"를 강조한 공자의) 정명正名사상으로 본 국國립공원 팔공산 대표 역사문화유산		
"선덕묘"	국민 여왕	통일 기반 구축
김유신 유적	국민 대장군	통일 주역
군위 석굴암	국민스님 원효	세계 유산 석굴암의 모태
오도암		세계 불교 위인
부인사 터	국민 불경	세계 유산 대장경 모태

"갓바위"	국민 불상	세계 유일 산정 갓 쓴 석불
동화사	국민스님 유정	국민철학(실학) 집대성 장소
팔공산 60km	민족 철학	광주학생의거 기념등반대회
왕건 유적	민족 임금	지역감정 없던 시대
가산산성	민족 보호	조선 후기 대표 산성
"통일 대불"	민족 철학	민족 염원의 표상
파계사	왕실 원당	영조대왕 도포
송림사	희소 전탑	국내 최대 목조 불상

문화유산의 가치는 다른 지역 동종 유산에 견줘 어떤 변별력을 가지고 있는가에 따라 좌우된다. 이곳에만 있거나 질·양에서 현격한 차이를 뽐내는 경지라야 하고, 인과因果에 바탕을 둔 '스토리'도 품고 있어야 '이야기'가 된다.

시기 순서로 볼 때 첫째, 팔공산은 부악父岳·중악中岳·공산公山으로 국가 차원 우러름을 받았다는 점부터 주목되어야 한다. 선덕여왕·김유신·원효 이야기가 '함께' 서려 있는 것은 이 산이 신라시대에 이미 '국립공원' 이상의 신분을 누렸다는 '이야기'이다. ('영조대왕 도포'가 파계사에 실물로 존재하는 것 또한 그같은 역사의 평가를 증언한다.)

우리나라 최초 석굴 사원 '군위 아미타여래삼존 석굴'은 '경주 석굴암 석굴'보다 훨씬 앞서 만들어졌을 뿐만 아니라 '국민 스님' 원효와 연관된다는 점에서 말 그대로 국립國立공원에 어울리는 국보國寶이다. 속칭 "제2 석굴암"이 아니라 "원효 석굴암" 또는 "제1 석굴암"으로 불러야 옳다.

부인사 선덕묘善德廟도 '국민 여왕'을 모신다는 점에서 국민적 관심을 모을 충분한 배경설화背景說話를 갖추었다. 홍주암·중암암에서 수련한 통일 주역 김유신 역시 '국민 대장군'이다. 선덕여왕·김유신·원효라는 국민 영웅이 세 분이나 공존하는 '체험' 현장은 팔공산뿐이다. 평지라는 한계에 갇힌 여느 곳들과 차원이 다르다.

둘째, 팔공산은 927년 동수桐藪대전이 벌어졌던 격전지이다. 불로不老, 지묘智妙, 파군재破軍峙, 독좌암獨坐岩, 연경硏經, 살내箭灘, 왕산王山, 안심安心, 반야월半夜月 같은 이름들이 민간어원설民間語源說의 증거물로 남아 있다.

이러한 지명 유래는 다른 어느 지역에도 유례가 없는, 성씨姓氏도 없는 가문에서 태어나 구사일생 동수대전의 어려움을 딛고 재기하는 불굴의 화신, 최초 '민족 임금' 왕건이 남긴 색다른 유적이다.

왕건 유적은 앞산까지 뻗쳐 안일암·안일암 왕굴·은적사·은적사 왕굴·임휴사·왕쉰고개 등을 남길 만큼 범주도 넓은데, 무엇보다도 유념할 대목은 동수대전 당시 대구인의 지지를 받은 정치세력이 고려 왕건이 아니라 후백제 견훤이었다는 사실이다.

세칭 '망국적 지역감정'이 당시에는 존재하지 않았다! 팔공산 아래 지묘동 일원과 동화천에는 우리 대구인의 진정한 정체성을 강조하고 자랑할 수 있는 스토리가 녹아 흐르고 있다는 말이다.

(1959년부터 개최된 '광주학생독립운동 기념 팔공산 60km 종주 전국 등반대회'를 소개하지 않을 수 없다. 이 산악문화는 당시 경북산악연맹이 태동시켰다. 1929년의 광주학생독립운동을 전국적으로 현창하는 일에 대구인들이 가장 앞장섰다는 증언이다. 대구인은 본래 그런 사람들이'었'다.)

셋째, 팔공산은 공산성 피신 백성들의 시신이 나뭇가지에 줄줄이 걸려 있었을 만큼《고려사》) 몽고군에 참혹한 피해를 당했던 전란 현장이다. 세계문화유산인 해인사 팔만대장경보다 훨씬 먼저 만들어진 초조初雕 대장경이 부인사에 보관되었고, 또 거기서 불탔다. 고려시대 건축 석재들이 숲과 밭고랑에 줄줄이 누워 사적이 되었고, 쌍탑 중 서탑 하나만 남고 동탑은 사라졌다.

대단한 대장경 유적 부인사! 부인사의 풍경은 민족교육·민생民生정치교육의 생생한 현장으로 그 어디와 견주어도 손색이 없다. 선덕여왕까지 나서서 힘을 보태주고 계시는데 어찌 후대인들이 손놓고 가만히 있을 것인가!

넷째, 팔공산은 1592년 5월 31일 대구성이 왜적에 점령당할 때도 대구부민府民(현 시민) 피란지였다. 그때는 몽고군의 침략을 받았던 고려시대와 아주 달랐다. 관군 본영은 동화사에, 하급 관리들은 염불암에, 의병장들이 각개 행동을 한 다른 지역과 달리 연합부대 공산의진군 公山義陣軍을 편성한 대구 향병鄕兵(의병)은 부인사에, 그렇게 별도로 머물면서 합동작전으로 왜적 침탈을 차단했다. 팔공산은 관민官民 총화로 외세를 격퇴해 1592년 피란 백성의 피해를 막아낸 모범 목민牧民 현장이었다. 동화사는 사명대사가 영남치영아문緇營牙門을 설치해 승병을 총지휘한 곳이기도 했다.

다섯째, 팔공산은 또 위정자와 지식층의 애민愛民 공간이었다. '부인동 향약鄕約' 최흥원은 동화사를 유형원의 《반계수록》이 탈고 100년 만에 간행되도록 하는 한국철학사의 성지聖地로 구축했다(1770년).

험준한 자연지세를 잘 활용한 내성·중성·외성 축성술의 전범 가산산성도 백성 보호 유비무환 정신을 상징하는 조선 후기 대표 산성으로, 남문 앞까지 차량 접근 후 답사를 시작할 수 있어 남녀노소 누구나 편안하게 거닐 수 있는 희귀 관광 산성으로 각광받을 만한 곳이다.

여섯째, 동화사는 '1910년대 최고 독립운동단체 광복회' 주역 우재룡 지사가 1908년 항쟁 본부를 차려 일제에 맞서고, 학승學僧들이 1919년 3월 30일 대구 최대 (덕산정시장) 만세운동을 선도한 항일유적이기도 하다. 우재룡 지사와 학승들은 당시 27~18세였으니 교육 훈화에 담아 현창하기 적합한 준거인물들이다.

또, 팔공산은 지정 문화유산을 92점이나 보유하고 있

는 보물창고이다. 흔히 경주 남산을 '노천 박물관'이라 일컫지만 지정 문화유산으로 한정하면 팔공산이 더 많은, 국내에서 가장 많은 문화유산을 거느리고 있는 명산이다.

국내 단 7기 중 하나로 극치의 아름다움을 보여주는 '칠곡 송림사 오층전탑' 앞에 서면 누구든 감동으로 마음이 젖는다. 다만 관광 요소는 대중성에 기반하는 탓에 예술적 평가와 일치되지 않는 경우가 흔하므로 동화사 통일대불統一大佛(→사진)도 주목받을 만하다. 세계 최대 규모 불상이라는 소문, 그리고 '통일 대불'이라는 작명은 충분히 가산점을 획득할 수 있는 자격 갖춤이다.

문화유산 애호가들에게는 팔공산 전역 문화유산 지도를 제공하되, 일반 시민에게는 갓을 쓴 채 산정에서 신도들을 기다리는 세계 유일 부처 '갓바위'를 비롯해 국가대표급 역사문화유산들을 내세우는 것이 무난하다.

팔공산의 역사와 문화에 배우는 '사유'	
가산산성	유비무환 정신의 한국인
선덕묘	종교심 독실한 한국인
갓바위	
송림사 전탑	
초조 대장경 부인사	

오백나한절 영산전	종교심 독실한 한국인
영조대왕 도포 파계사	
왕건과 신숭겸	의지의 한국인
김유신 유적	성심성의를 다하는 한국인
군위 석굴암, 오도암	
반계수록 동화사	
동수대전의 대구사람들	공동체 정신의 한국인
통일 민족국가 시조 왕건	
동화사 관군, 부인사 향군	
영남치영아문 사명대사	
실학·향약 최흥원	
산남의진·광복회 우재룡	
1919년 만세운동 심검당	
통일 대불	

> 서 말 구슬을 꿰어 보배로 만들어 낼 "광주학생독립운동 기념 팔공산 60km 종주 등반대회" 같은 시무책을 마련해야 한다.

 통일대불을 언급했으니, 팔공산의 역사 및 문화유산 중 몇몇의 이름에 관한 재논의를 제안하고자 한다. 이름은 대중의 감성을 이끌어내는 데에 매우 중요한 요소이므로 각별히 신경을 써야 한다.
 범박하게 말하면, '경산 팔공산 관봉 석조여래좌상'은

공식 명칭 덕분이 아니라 속칭인 "갓바위부처", 심지어 더 줄여서 "갓바위"에 힘입어 이름을 떨치게 된 정신유산이다. '남북통일발원 약사여래석조대불'은 기억에 없고 그저 "통일 대불"일 따름이다. ('경주 불국사 삼층석탑'·'경주 석굴암 석굴'도 그냥 "석가탑"·"석굴암"이다.) 대중적 호소력은 비유와 상징에서 올 뿐 논리적 설명에서 획득되지 않는다.

'군위 아미타여래삼존 석굴'도 마찬가지이다. '군위 아미타여래삼존 석굴암'이라 했으면 좋았을 텐데 '암'자를 빼고 '군위 아미타여래삼존 석굴'이라 명명하는 바람에 '굴'로 인식하게 만들었다. 그나저나 대중은 그런 복잡한 이름에 일말의 흥미도 가지지 않는다. 처음부터 '원효 석굴암'이나 '제1 석굴암'이라 했으면 온 국민이 다 알고

찾아오는 명소가 되었을 텐데…. '제2 석굴암'? 조성 시기로 보더라도 오류일 뿐이다.

 동봉, 서봉, 청운대, 비로봉도 그렇다. 동봉·서봉·청운대… 더 이상 무미건조할 수 없는 이름들이다. '대구 앞산'과 마찬가지로, 동봉·서봉·청운대 이름을 듣고 궁금히 여길 답사자는 없다. 염불봉·삼성봉·원효봉 정도는 되어야 한다. 비로봉 또한 불교가 신라 통치이념이던 시기에 붙여진 이름일 터, 본래는 천왕봉이었을 개연성이 높다. 지리산도 비슬산도 천왕봉이다.

달구벌 > 752년 大丘 > 1750년 후 104년 걸려 1854년 大邱	
경산 팔공산 관봉 석조여래좌상	갓바위
군위 아미타여래삼존 석굴	원효 석굴암 또는 제1 석굴암
동봉·서봉·비로봉·청운대	염불봉·삼성봉·천왕봉·원효봉
숭모전	선덕묘

 앞에서, 부인사 숭모전崇慕殿을 선덕묘善德廟라 표현했다. 본디 선덕묘였는데 1990년 새 건물을 지으며 변경한 듯하다. 선덕여왕의 눈부신 배광背光을 업을 수 있는 선덕묘 대신 평범할 뿐인 숭모전을 이름으로 채택할 까닭이 없다.

 달성군 하빈면 묘리의 사육신 사당도 본명은 숭정사崇

正祠이지만 대중은 그냥 육신사六臣祠로 기억한다. 아무리 숭정사라 강조해도 대중의 뇌리에는 육신사일 따름이다.

(근래의 '고령읍> 대가야읍, 비슬산 대견봉> 천왕봉' 사례는 말할 나위도 없고, 로마의 미신(?) 축제날인 줄 뻔히 알면서도 12월 25일을 예수 탄생일로 기리는 지구촌의 현실에서 확인되듯이) 개명 문제는 엄청난 비용이 드는 현실의 난제이다. 달벌·달구벌이 757년 大丘로 바뀌고 1097년 지나 그 大丘가 다시 大邱로 변했다. 1750년(영조 26) 12월 30일 《조선왕조실록》의 증언이다.

'대구大丘의 유학幼學 이양채가, "신들이 사는 고을은 영남의 대구부大丘府입니다. 부의 향교에서 제사를 지낼 때 축문에 대수롭지 않게 '대구大丘 판관'이라 써넣고 있습니다. '대구大丘'의 '구丘' 자는 공부자孔夫子의 이름자인데, 신전神前에서 축을 읽으면서 곧바로 이름자를 범해 인심이 불안하게 여깁니다"(라며 大丘를 大邱로 바꾸어 달라고 요청하자) 임금(영조)이, "대구 유생들이 고을 이름 일로 상소를 했다. 신기한 것을 일삼음이 어찌 이와 같은가? 3백여 년 동안 많은 선비들이 그것을 몰라서 말없이 지내왔겠는가? 게다가 우리나라에는 상구商丘와 옹구顒丘 같은 이름이 아직도 있는데, 옛날 선현들이 어찌 이를 깨닫지 못했겠는

가?"라며 상소를 돌려주라고 명하였다.'

그러나 영조의 불허 왕명도 무시하고 대구인들은 그 후에도 大丘 대신 大邱를 104년에 걸쳐 끈질기게 사용한 끝에 마침내 1854년(철종 5) 이래 《조선왕조실록》에 大邱가 기재되도록 만들었다. 중구삭금衆口鑠金의 진실성을 현실세계에 적용해내는 집단지성(?)을 과시했던 것이다. 갓바위, 원효 석굴암 또는 제1 석굴암, 선덕묘, 천왕봉 등으로 개명하는 것이 팔공산과 대구에 이익이라면 그렇게 되도록 만들어야 한다.

'원효(제1) 석굴암', 오도암, 원효굴, 김유신 유적, '선덕묘'와 초조 대장경 유허, '갓바위', 송림사 전탑, 왕건 유적, 가산산성, 임진왜란 당시의 부인사·동화사·영남치영아문, 반계수록 간행 준비, 통일 대불, 산남의진 항일 투쟁, 동화사 학승들의 마음 등에 깃들어 있는 역사와 문화의 정신세계를 잘 이해하고 계승함으로써 "(국민교육헌장 차운) 길이 후손에 물려줄 영광된 대구의 앞날을 내다보며, 신념과 긍지를 지닌 성실한 시민으로서 슬기를 모으고 줄기찬 노력을 기울여 ('광주학생독립운동기념 팔공산 60km 종주 등반대회' 같은 시무책을 훌륭히 준비해내는) 새 역사를 창조하자!"

팔공산 주요 유산 일람

▩ 답사 일주 순서

아래 순서에 따라 답사하면 팔공산에 있는
주요 문화유산을 효율적으로 만날 수 있습니다.

1. **갓바위**/보물
2. **북지장사** 지장전/보물, 삼층석탑, 보살좌상/유형문화유산
3. **동화사** 마애여래좌상/보물 → 봉황문/보물 → 통일대불 → 성보 박물관(사명대사 초상, 보조국사 지눌 초상, 아미타회상도/보물) → 당간지주/보물, 동화사 사적비 → 금당암 입구 부도/보물 → 금당암 동서 삼층석탑, 극락전, 수마제전/보물 → 봉서루 영남치영아문嶺南緇營牙門 현판 → 대웅전, 목조 약사여래좌상/보물 → 심검당/독립운동유적 → 조사전(고승들의 초상 전시) → 심지대사 나무 → 비로암 석조 비로자나불좌상, 삼층석탑/보물
4. **염불암** 청석탑, 마애여래좌상 및 보살좌상/유형문화유산, 일인석
5. **동봉** 석조 약사여래입상/유형문화유산
6. **천왕봉**(통칭 비로봉) 마애 약사여래좌상/유형문화유산
7. **비로봉**(제2봉) 공산산성 → 원효굴 → 오도암

8. 서봉 삼성암 터 마애 약사여래입상/유형문화유산

9. 부인사 부인사 터/기념물 ⤏ 선덕묘 ⤏ 일명암지석등/문화유산자료 ⤏ 석등/유형문화유산 ⤏ 서탑/유형문화유산

10. 신무동 마애불좌상/유형문화유산, 동구 신무동 215-1 ⤏ 용수동 당산/민속문화유산, 동구 용수동 420

11. 파계사 영조 나무 ⤏ 진동루/문화유산자료 ⤏ 원통전/보물 ⤏ 영산회상도/보물 ⤏ 건칠 목조 관음보살좌상/보물 ⤏ 원통전 수미단/유형문화유산 ⤏ 신령각/문화유산자료 ⤏ 기영각/문화유산자료 ⤏ 설선당/문화유산자료 ⤏ 적묵당/문화유산자료 ⤏ 영조대왕 도포/국가민속문화유산 ⤏ 성전암 ('자응전慈應殿' 편액)

12. 송정동 석불입상/유형문화유산, 동구 송정동 363

13. 칠곡 기성리 삼층석탑/보물, 칠곡군 동명면 기성리 1028(←사진)

14. 군위 아미타여래삼존 석굴/국보, 군위군 남산4길 24

15. 가산산성/사적, 가산바위/명승(팔공산 전경 조망)

16. 도덕산 정상(팔공산 전경 조망), 도덕암 모과나무, 어정수

17. **송림사** 오층전탑, 대웅전, 불상 3종/보물, 대웅전 편액

팔공산의 규모

외지인들은 "대구" 하면 섬유도시(17.8%), 사과(17. 2%), 보수성(15.9%), 덥다(12.3%), 그리고 팔공산(6.4%)을 떠올린다고 한다(영남일보 2011.5.3.). 섬유와 사과는 이제 대구와 거리가 멀고3), 보수성과 더위는 자랑거리라고 할 수 없으니, 팔공산밖에 남는 게 없다. 왕년에는 '교육도시'도

---

3) 섬유 도시와 사과를 대구의 상징으로 보는 인식은 고정관념일 뿐이다. 대구시 제조업체 중 섬유 관련 업체의 비중은 1979년 기준 37%에 이르지만(뿌리깊은 나무 〈경상북도〉 1986년 판) 2016년 대구시청 누리집의 '최종 수정 정보(6월 22일)'에 따르면 대구 지역 완제품 생산기업 중 섬유관련 업체는 10%에 지나지 않는다.

사과도 마찬가지이다. 온난화 탓에 열매가 제대로 달리지 않는 대구 일원의 사과나무들은 톱날에 잘려나간 지 이미 오래되었다. 그래서 1979년부터는 아예 능금협동조합이 시장에 내놓는 사과 포장지의 상표도 '대구 능금'에서 '경북 능금'으로 바뀌었다. 사과는 낮과 밤의 심한 온도 차이와 물이 잘 빠지는 비탈진 모래자갈밭이 만들어내는 과일인데, 기후 변화와 대도시 개발에 밀려 한반도 중부 지대로 서식지를 옮기게 된 것이다.

대구의 이미지였는데, 그건 이제 아주 아닌 모양이다.

팔공산, 외지인들에 널리 알려져 있는 팔공산은 과연 어떤 곳인가? 팔공산은 대구의 북쪽머리 산이다. 남쪽머리 산은 비슬산이다. 개교한 지 110년쯤 되어 대구경북 지역 교육사의 산 증인 역할을 하는 계성고등학교의 교가도 이를 증명한다. "앞에 섰는 건 비슬산이요, 뒤에는 팔공산 둘렀다."

▨ 팔공산 이름 유래

팔공산은 앉은 면적이 122㎢나 되고, 능선 길이만도 20km나 되는 광활한 규모를 자랑하는 대구 지역 명산이다. 그래서 둘레에 여덟 고을을 둘렀다 하여 산 이름이 '팔공산'이 되었다고 여겨지기도 했다. 하지만 그것은 사실이 아니다. 팔공산이라는 이름이 통용되기 시작한 것은 조선 초기인데, 그 당시까지만 해도 공산 둘레에는 해안解顔(지금의 불로동 북쪽 일대), 하양河陽, 신녕新寧, 팔거八居(지금의 대구시 북구 칠곡 일대), 부계缶溪 등 다섯 고을縣만 있었다.

신라 헌덕왕의 아들 심지왕사心地王師가 속리산에 가서, 진표율사眞表律師가 미륵보살로부터 받은 8간자八簡子(부처의 뼈로 만든 찌 형태 물건)를 받아와 공산의 절에 봉안하였다 하여 그 이후 팔공산이라 부르게 되었다는 설도 있다. 하지만 이 역시 신라 시대에 팔공산이라는 이름이 통용되지 않았다는 점에서 설득력이 없다.

본디 공산이었는데 '팔'이 덧붙어 팔공산으로 바뀐 까닭을 927년 동수대전의 결과로 보는 견해도 있다. 왕건과 견훤이 크게 대결한 공산 싸움을 동수대전이라 부르는 것은 동화사 아래에서 싸움이 벌어졌다는 뜻이다. 동수桐藪는 동화사의 신라 때 이름이다.

하지만 이 전투에서 순절한 신숭겸, 김락 등의 여덟 장군을 기리는 뜻에서 팔공산이라 부르기 시작했다는 이 견해도 별로 설득력이 없다. 이 전투에서 여덟 장군이 순절했다는 증거가 없기 때문이다.

대구은행 사외보 〈향토와 문화 제1권〉에 '팔공산의 지명 유래'를 쓴 문경현 전 경북대학교 사학과 교수는 팔공산 이름이 "사대주의 모화慕華사상가들이 중국의 지명에서 따온 것으로 추정된다"고 말한다.

중국 안휘성 봉대현 동남쪽에 있는 팔공산에서 북조 전진왕 부견과 남조 동진 효무제 사이에 383년 대전투가 벌어져 부견이 참패했는데, 왕건이 견훤에게 처참하게 진 것을 이에 비견하여 산 이름을 그렇게 바꿔 부르기 시작했다는 것이다. 정녕 그렇다면, 이제는 팔공산에 본 이름을 찾아주어 '공산'이라 부르는 것이 어떨까.

공산은 본래 신라 5악의 하나였다. 동악(토함산), 서악(계룡산), 남악(지리산), 북악(태백산), 그리고 중악(공산)이 바로 그 5악이었다. 신라는 5악 산신에게 공식적으로 제사를 지냈으니, 이 다섯 산은 신라 사람들에게 영산靈山이었다. 신라인들은 특히 공산을 국토 중심에 있는 가장 신령스런 산으로 숭배하였으므로, 아버지와 같이 여겨 부악父岳이라는 별칭으로 부르기도 했다.

■ 팔공산 등산로, 동화사

산길이 100갈래 이상 있다는 팔공산 등산로의 대표는 동화사에서 염불암을 거쳐 동봉4)과 비로봉5)으로 걷는

---

4) '팔공산 동봉석조약사여래입상(유형문화유산)'은 동봉 정상 턱밑에 있다. 국가유산청 해설 : "전체 높이 6m에 달하는 거대한 석불입상이다. 얼굴은 두 볼이 풍만하고 입가에 약간의 미소를 띠고 있어서 자비스러움을 느끼게 한다. 신체에 비해 큰 오른팔은 안쪽으로 늘어뜨렸는데 다섯 손가락의 길이가 고르지 않아 부자연스러우며, 왼팔은 가슴 앞으로 올려 무언가를 잡고 있는 듯하나 확실하지 않다. 옷자락 밖으로 노출된 발끝은 발가락의 조각이 뚜렷하여 거대한 불상임에도 안정감을 준다.

거대한 불상에 잘 조화되어 있는 옷주름이나 인상 등의 조각 수법으로 보아 관봉冠峰의 석조여래좌상과 같은 시대에 만들어진 작품으로 추정된다."

5) '팔공산 마애약사여래좌상(유형문화유산)'은 동봉에서 서봉으로 가는 중간쯤 비로봉 바위벼랑에 있다. 국가유산청 해설 : "대구 팔공산 중앙봉의 정상 가까운 절벽에 새겨진 거대한 크기의 마애약사불상이다. 민머리 위에는 상투 모양의 머리묶음이 큼직하며, 탄력 있고 우아한 얼굴은 이목구비가 세련되고 단아하다. 둥근 어깨는 탄력 있어 보이며, 허리는 잘록하게 표현되었다. 무릎에서 밖으로 내려뜨린 오른손과 무릎 위에 얹어 약 그릇을 들고 있는 왼손의 세련성 등은 이상적인

여정이다. 영천 은해사에서 오르는 길, 갓바위를 거쳐 능선을 일주하며 동봉에 이르는 길, 부인사에서 서봉으로 오르는 길, 그리고 가산산성을 거쳐, 또 수태골을 타고, 케이블카 아래로… 등등 숱한 길이 있지만, 그래도 대표 등산로는 동화사에서 염불암을 거치는 바로 그 길이다. 왜냐하면 팔공산에 온 이상 동화사와 염불암을 둘러보지 않고 하산할 수는 없기 때문이다.

동화사는 임진왜란 당시 사명대사가 승병을 지휘했던 곳이다. 지금도 영남 지역 승병 총본부를 뜻하는 영남치영아문嶺南緇營牙門 현판이 남아 있고(진품은 성보 박물관에 있지만 복제품이 봉서루 뒤편에 걸려 있어 일반인도 쉽게 감상할 수 있다), 사명대사 진영眞影(초상화)도 보관되어 있다(역시 진품은 성보 박물

사실주의 양식을 보여주고 있다. 왼쪽 어깨를 감싼 옷은 몸의 굴곡이 드러날 정도로 얇은 편인데 옷주름은 자연스럽고도 규칙적이며, 가슴에서 옷깃이 한번 뒤집히는 등 8세기 불상의 특징을 보이고 있다.

광배光背는 불꽃이 타오르는 모습으로, 머리광배와 몸광배가 표현되어 있으며 연꽃무늬와 덩쿨무늬를 정교하게 새겨 넣었다. 대좌臺座는 위와 아래를 향하고 있는 연꽃잎을 새겼으며, 이들을 받치고 있는 용 두 마리가 표현되어 있어 화려한 모습이다.

병고에 허덕이는 수많은 중생들의 돈독한 믿음을 받았던 이 약사불은 우아하고 화려한 사실주의 양식의 작품으로 통일신라시대에 만든 작품으로 보인다."

관에, 복제품은 조사전에 있다).

뿐만 아니라 동화사는 문화유산의 '보물'창고이다. 경내로 들어가는 옛길 들머리 절벽에 새겨진 마애불 좌상(보물), 일주문인 봉황문(보물), 오르막을 거슬러 올라가 금당암 앞에서 만나게 되는 당간지주(보물)와 부도(보물), 일반인 출입금지 구역인 금당암의 동서삼층석탑(보물)·극락전·수마제전, 비로암의 삼층석탑·석조 비로자나불좌상(보물), 대웅전(보물) 등등이 바로 그것들이다.

기타 문화유산들도 군집을 이루고 있다. 크기만 할 뿐 눈을 씻고 살펴보아도 예술성이라고는 없지만 관광객을 끌어들이는 데에는 금메달 몫을 하는 통일대불도 동화사에 들른 이상 아니 볼 수 없다.

▩ 파계사, 부인사, 송림사, 도덕암

팔공산에는 동화사 말고도 고찰이 많다. 그 중 가장 도드라지는 절이 파계사이다. 동화사에서 그리 멀지 않다. 이 절은 국가민속문화유산인 영조대왕 도포가 발견된 곳으로, 조선 후기의 왕실 원당願堂 사찰이었다. 원통전(보물)에는 목조관음보살좌상(보물)이 있고, 한참 가파른 등산로를 올라가야 들어갈 수 있는 부속암자 성전암에는 영조가 11세 때 쓴 자응전慈應殿이란 편액도 있다.

동화사와 파계사 중간에 있는 부인사도 가보아야 한다. 이 절은 대장경이 보관되어 있다가 몽고의 2차 침입 때(1232년, 고종 19) 불에 타 없어진 일로 유명하다. 또, 선덕여왕의 초상을 모시는 사당인 선덕묘善德廟가 지금도 남아 있어, 해마다 음력 3월 보름에 선덕여왕 제사를 지내는 것으로도 이름이 높다. 신라 때 선덕여왕의 원당이었다고 여겨진다.

팔공산에는 송림사도 있다. 송림사에는, 절보다 훨씬 더 이름이 높은 보물 전탑이 있다. 또 대웅전 삼존불상은 우리나라에서 가장 큰 목조불상으로 알려졌으며, 숙종 어필御筆로 추정되는 대웅전 현판도 눈길을 끈다.

송림사 맞은편 산길로 들어가 30분 정도 올라가면 도덕암에 닿는다. 이곳도 가볼 만하다. 대단한 문화유산이 있지는 않아도, 팔공산 자락의 전경을 한눈에 볼 수 있는 몇 안 되는 지점이 바로 도덕산 정상이기 때문이다.

또, 도덕암 경내에 있는 모과나무도 이곳의 자랑거리이다. 수령 800년으로 추정되는 이 나무는 우리나라에서 가장 오래된 모과나무로 여겨지고 있다. 모과나무 뒤편에 있는 어정수御井水는 고려 광종이 직접 찾아와 마신 후 병이 나은 약수로 이름이 높다.

■ 가산산성, 가산바위

여정의 흐름상 송림사와 도덕암 다음 차례는 가산산성이다. 사적인 가산산성은 찾기 쉬운 곳에 그럴듯하게 복원되어 있어 근래 들어 사람들의 발길이 부쩍 잦아진 답사지로 부각됐다. 정문(진남문)을 지나 곱게 닦여진 임도를 줄곧 따라 걸으면 본래 형태가 살아 있는 내성(內城)의 동문도 볼 수 있다. 물론 더 가면 중문을 거쳐 서문과 북문도 눈에 담을 수 있다. 특히 중문은 꼭 그 아래를 지나갈 가치가 있다. 가산바위(국가 지정 명승!)에 올라야 하는 까닭이다. 가산산성 성곽의 일부를 이루었던 가산바위에 오르면 팔공산 능선과 대구 시내가 한눈에 '팍!' 들어오는 장관을 만끽할 수 있다. 어찌 이곳을 놓칠 것인가. 특히 하얗게 눈이 내리다가 문득 그친 날 두어 시간 가산산성 경내 임도를 죽 걸어 가산바위 위에 올라보라. 백설과 햇살이 어우러져 만들어낸 경관을 구경하는 즐거움은 가히 천하일미라 이름 지어도 절대 지나치지 않다!

가산산성 성곽의 일부로 활용되었던 가산바위, 국가 지정 '명승'이다.

갓바위

그래도 팔공산 관광의 최대 명소는 단연 갓바위이다. 머리에 갓을 쓴 형상 때문에 본 이름 '경산 팔공산 관봉 석조여래좌상'보다 흔히 '갓바위'로 불리는 이 부처는 전국적으로 이름이 높아 엄청난 사람들을 끌어들인다.

갓바위부처는 팔공산의 한 봉우리인 관봉 정상에 있는데, 대구 쪽과 경산 쪽(선본사)으로 올라가는 길이 각각 대표 답사로이다. 해마다 수능시험 직전 수많은 학부모들이 기복 신앙 차원에서 이곳에 올라 간절히 비는 모습을 보노라면, 한국 교육열의 의미와 종교관의 진의가 무엇인지 새삼 생각하게 된다.

팔공산 전경을 보려면

팔공산 자락을 두루 한눈에 담을 수 있는 곳은 어디인가. 예로부터 '산에서는 산을 볼 수 없다'고 했다. 산속으로 들어가면 전체 경관을 볼 수가 없으니 진정으로 산을 좋아하는 사람이라면 전경을 관망할 수 있는 곳을 꼭 찾아야 하고, 또 올라야 한다. 팔공산에서는 한티재 뒤편, 가산바위 위, 용수동 당산, 용암산성 옥천 유적, 초례봉 정상, 도덕산 정상 등이 바로 그곳이다. 만약 그대가 이런 곳까지 두루 찾아 팔공산의 참모습을 낱낱이 보았다면, 중악의 산신령으로부터 "이제 그만 하산해도 좋다"는 허락을 받으리라.

팔공산은 독립운동 유적지

팔공산 일원 독립운동유적 답사 순서

대구 시내에서 동구 지묘동 신숭겸장군 유적지를 지나 (1) 미대동 여봉산 : 1919년 4월 26일과 28일, 대구 유일의 마을 단위 만세운동 장소, (2) '미대 여봉산 3·1독립만세운동 기념비' : 미대동 앞 도로 건너편 숲, (3) 백안마을 : 의열단 부단장 이종암 출생지, 구체 지번은 아직 미확인, (4) 동화사 대웅전 : 구한말 산남의진 선봉장 우재룡 활동지, (5) 동화사 심검당 : 덕산정시장 1919년 3월 30일 학승 주도 만세운동 계획지… 순서로 답사한다.

동화사를 먼저 둘러본 뒤 지묘동 신숭겸장군 유적지로 내려오는 경우에는 (1) 동화사 심검당 : 덕산정시장 1919년 3월 30일 학승 주도 만세운동 계획지, (2) 동화사 대웅전 : 구한말 산남의진 선봉장 우재룡 활동지, (3) 백안마을 : 의열단 부단장 이종암 출생지, 구체 지번은 아직 미확인, (4) 미대동 여봉산 : 1919년 4월 26일과 28일, 대구 유일의 마을 단위 만세운동 장소, (5) '미대 여봉산 3·1독립만세운동 기념비' : 미대동 앞 도로 건너편 숲… 순서로 답사한다.

팔공산이 독립운동 유적지라는 사실을 아는 이는 별로 없다. 동화사에는 1908년 3월 이후 산남의진山南義陣 선봉장 우재룡禹在龍이 의병들을 이끌고 7개월에 걸쳐 일본군과 유격전을 전개했다. 우재룡은 본래 대구 진위대에서 5년 동안 재직한 대한제국의 군인이었다.

우재룡이 대구 진위대에서 근무하던 당시 경북 청송 지역을 주무대로 활동하던 산남의진 의병장 정용기鄭鏞基가 대구감옥에 수감되어 있었다. 우재룡은 전국의 애국지사들이 정용기를 감옥에서 빼내기 위해 백방으로 노력하는 것을 보고 감동하여 독립운동에 투신하기로 결심했었다. 당시 우재룡은 24세였다. 그는 1907년 일제에 의해 군대가 해산 당하자 스스로 산남의진을 찾아간다.

1907년 7월 12일 산남의진의 연습장練習將(훈련 담당 장교)을 맡고 있던 우재룡은 처음으로 출병했다. 산남의진군은 7월 청하 전투에서는 승리를 거두지만 10월 포항 죽장 입암 전투에서는 정용기 의병장이 전사하는 등 대패한다.

그 후에도 산남의진군은 경북 일원에서 유격 전술로 일본군을 공격해 많은 전과를 거둔다. 이때 우재룡은 선봉장先鋒將을 맡아 활약한다. 하지만 아들 정용기 대신 의병장을 맡았던 정환직鄭煥直이 1908년 1월 10일 영천 남교에서 또 순국하면서 산남의진은 재차 시련에 빠지게 된다.

결국 산남의진은 관동을 거쳐 서울로 북상하는 계획을 포기하고 경상도 일원을 지키기로 결의한다. 이후 우재룡은 영천 서부 지역 책임을 맡게 되고, 동화사를 근거지로 팔공산 일대에서 유격전을 펼친다.

산남의진의 활동은 제3대 의병장 최세윤崔世允과 선봉장 우재룡이 일본군에 체포되는 1908년 8월 무렵 마감된다. '내란죄'로 '종신형' 처분을 받아 복역하던 우재룡은 '합방 특사'로 풀려나지만 이내 광복회 활동을 시작한다.

광복회

'1910년대 항일 결사 중에서 가장 활발한 활동을 전개한 단체(제5차 교육과정 고등학교 국정 국사 교과서)' 광복회光復會는 1915년 8월 25일 대구 달성공원에서 결성된다. 이날 기존의 영주 풍기 광복단光復團과 대구 조선국권회복단朝鮮國權恢復團 등이 발전적 통합을 이루었다. 총사령 박상진朴尙鎭, 지휘장 우재룡과 권영만權寧萬, 재무부장 최준崔浚, 사무총괄 이복우李福雨로 총지휘부를 구성한 광복회는 각 도별로 지부까지 조직했다.

광복회는 만주 지역 독립 투쟁을 책임질 부사령으로 이석대李奭大를 임명했고, 이석대가 순국한 뒤에는 김좌진金佐鎭을 파견했다. 각 도 지부장은 경상도 채기중蔡基中, 충청도 김한종金漢鍾, 황해도 이관구李觀求, 전라도 이병찬李秉燦, 강원도 김동호金東浩, 평안도 조현균趙賢均, 함경도 최봉주崔鳳

周, 경기도 김선호金善浩가 맡았다. 한국학중앙연구원 《한국민족문화대백과》에 따르면 '경상도·충청도·황해도 지부가 가장 규모가 컸으며 활동도 활발했다.'

광복회는 군자금도 마련하고 일제가 징수한 세금을 탈취하기도 할 겸 우편마차(요즘의 현금 수송차)를 공격해 빼앗기도 하고, 일본인 소유의 영월 중석광과 운산 금광 수송마차를 습격하기도 했다. 위조 지폐도 만들었고, 친일 부호들을 상대로 강제 모금도 했으며, 그들을 처단하기도 했다.

1919년 1월 이래 총사령 박상진을 비롯해 김한종, 채기중, 임세규 등 간부들이 순국하면서 광복회는 해체되고 말았다. 당시 국외 피신에 성공했 우재룡은 광복회 재건을 위해 군자금을 모금하던 중 결국 체포되어 1922년 무기징역을 선고받고 16여 년 동안 감옥에 갇혀 지냈다.

《한국민족문화대백과》의 평가를 본다. "광복회는 1910년대 국내 독립운동의 공백을 메우고 민족 역량이 3·1운동으로 계승될 수 있는 기반을 제공했다. 광복회가 전개한 의협 투쟁은 1920년대 의열 투쟁의 선구적 역할을 담당했다."

이성우 연구서 〈우재룡〉
정만진 장편 〈소설 광복회〉

1919년 3월 1일 우리 겨레는 3·1운동을 일으켰다. 불교계에서는 승려 양성 기관인 중앙학림의 강사 만해 한용운, 그리고 백용성 두 스님이 민족대표 33인으로 활약했다. 두 스님의 3·1운동 참여에 자극을 받은 중앙학림 학생들은 독립선언서를 전국 각지에 배포하고, 연고가 닿는 사찰을 찾아다니며 만세 시위를 촉구했다.

동화사 학승들은 1919년 3월 28일 동화사 심검당6)에 모여 독립만세운동을 결의했다. 서울에서 3·1운동을 겪은 중앙학림 학생 윤학조(25세)가 고향(달성군 공산면 진인동)에 와서 동화사 학림의 청년 승려들에게 만세 운동 궐기를 촉구했다. (학림은 요즘 보통 승가대학이라 부른다. 서울에 있는 학림을 중앙학림이라 했는데 뒷날 동국대학교로 발전했고, 그 외 지역별로 존재했던 학림은 지방학림이라 불렀다.)

허선일·권청학·김종만(대구시 군위군 우보면 출신)·이

---

6) 큰 절들은 흔히 심검당尋劍堂이라는 현판을 단 집을 대웅전 옆에 거느리고 있다. 심검尋劍은 지혜를 찾는尋 칼劍이다. 대웅전大雄殿이 석가모니大雄를 모시는 집殿이니 승려들이 그 바로 옆에 심검당을 지어놓고서 밤낮으로 지혜를 간구하는 것은 당연한 일이다. 동화사 대웅전 옆에도 심검당이 있다. 동화사의 심검당도 승려들이 지혜를 찾기 위해 머무는 수도 공간이라는 점에서는 여느 절의 그것과 마찬가지이지만, 이곳에는 사뭇 다른 정체성도 깃들어 있다. 동화사 심검당은 독립운동 유적이다. 1919년 3월 28일 동화사 지방학림學林 학생들은 이곳에 모여 만세운동 동참을 결의한다.

기윤·김문옥·김윤섭·이보식·이성근·박창호 등 19~23세 학승들이 동화사 심검당에 모였다. 이들은 사람이 운집하는 부내(시내) 덕산정시장의 3월 30일 장날에 거사하기로 결의했다. 태극기를 만드는 등 준비는 보현사(동화사 포교당, 대구 중구 남산동 932-35)에서 했다.7)

동화사 심검당

3천여 명이 대거 참여한 가운데 열린 덕산정 시장 만세 시위는 대단한 위세를 떨쳤고(1919년 당시 대구 최대 규모 만세 시위였다), 학승 10명은 모두 대구형무소로 끌려가 혹독한 고문을 당한 끝에 10개월씩 실형을 살았다.

학승들이 만세 시위 장소로 처음 생각한 곳은 동화사

---

7) 당시 동화사 주지는 김남파金南坡였다. 김남파는 1917년 '비슬산의 산세와 대견사가 일본의 기운을 꺾는다'면서 조선총독부에 비슬산 대견사의 폐사를 청원하는 등 친일에 앞장섰던 인물이다. 하지만 동화사 학림의 학생들은 주지의 친일 행각과 정반대로 항일에 앞장섰다. 학생들은 현직 주지가 아니라 임진왜란 당시 동화사에 머물면서 영남 승병들을 지휘했던 사명대사의 웅혼한 기상을 따랐다. 지금도 동화사 봉서루 뒷벽에는 영남嶺南 지역 치영 관아官衙(관청)의 문門을 가리키는 '嶺南緇營牙門(영남치영아문)'이라는 현판이 붙어 있다. 치영緇營은 승려의 옷을 치의緇衣라 부른 데서 연유한 명칭으로 승군僧 본부이다.

아래 백안동 장터였다. 그것이 논의 과정에서 시내 덕산정 시장으로 바뀌었다. 대처 시장에서 거사를 일으켜야 군중들이 크게 운집할 수 있다고 판단한 결과였다. 그 탓에 백안동은 독립운동 성지로 기억될 기회를 놓치고 말았다. 그러나 백안동은 이미 의열단 부단장 이종암을 낳은 마을이었다.

1896년 백안동에서 태어난 이종암은 여섯 살 때 시내 서상동 성벽 아래로 이사를 왔고, 22세 때부터 독립운동에 뛰어들었다. 대구은행 직원이던 이종암은 1918년 2월 은행돈 1만500원[8](현 10억 원 수준)을 들고 만주로 갔다.

이종암은 길림성 밖 화성여관을 세 얻어 김원봉을 비롯한 청년 지사들과 합숙하면서 폭탄 제조술 등을 익혔고, 자신이 가져간 돈을 독립 자금으로 활용하여 1919년 11월 10일 의열단을 결성했다. 의열단 부단장으로서 맹렬한 항일 운동을 펼치던 이종암은 끝내 일제에 피체되었고, 13년형을 언도받아 악랄한 고문에 시달리던 중 35세 젊은 나이로 순국했다.

백안동 삼거리에서 지묘동 쪽으로 내려오면 이내 미대동이 나타난다. 미대동 또한 대구에서 빼놓을 수 없는 독립운동 유적지이다. 이곳에서는 대구 유일의 마을 단위 독립만세운동이 펼쳐졌다.

---

8) 이종범, 《이종암 전》 (광복회, 1970), 52쪽.

1919년 4월 26일 인천채씨 집성촌인 미대동 채갑원의 집에 문중 선비 채희각, 채봉식, 채학기 등이 모였다. 이들은 마을 동쪽 여봉산에 올라 대한독립만세를 외치기로 결의했다. 28일에도 채명식, 채송대, 채경식, 권재갑 등이 합세하여 재차 대한독립만세를 부르짖었다.

여봉산

수백 명의 주민들이 참여한 이 만세운동에는 당시 대구농림학교 학생으로서 일찍부터 독립운동에 큰 관심을 보여온 채충식도 한몫을 했다. 당시 채충식은 27세, 채갑원과 채희각은 26세, 채경식 25세, 채송대는 24세, 채봉식은 21세, 권재갑은 20세, 채명원과 채학기는 18세였는데, 모두들 일제에 잡혀 6~8개월의 실형을 살았다.

독립운동에 뛰어든 18세~27세 젊은이들

팔공산 동화사와 그 아래 백안동·미대동을 둘러보니,

목숨을 걸고 독립운동에 뛰어든 지사들의 나이가 대체로 20세 안팎이다. 가장 적은 나이는 18세이고, 최고령은 27세이다.

16세 때 신민회 최연소 회원으로 활동하다가 20세에 순국한 대구 무태 사람 구찬회 지사가 생각나고, 18세에 세상을 이별하는 유관순 '누나'가 떠오른다. 여수 소년 주재년은 독립운동을 하다가 겨우 15세에 일제로부터 죽임을 당했다. 어디 그뿐인가. 1929년 11월 3일부터 1930년 3월까지 전국 320개 학교, 5만4천여 '청소년'들이 독립운동에 뛰어들었다.

2020년 4월 국회의원 총선 때 18세 청소년들이 선거권을 행사하게 된 일을 두고 '걱정'하는 어른들이 많았다. '어린 아이들이 무엇을 알겠느냐, 학교가 정치에 물든다' 등의 기우들이었다. 그렇게 보면, '하라는 공부는 안 하고' 독립운동을 한 유관순 등은 '불량' 청소년인 셈이다. 일제는 그들을 '불령선인不逞鮮人'이라 했다. 불령은 곧 불량인 바, 불령선인은 말을 듣지 않고 제멋대로인 조선인이라는 뜻이다.

왕건 유적

　대구에는 고려가 남긴 '보물'이 별로 없다. 경북대학교 야외 박물관과 동화사 경내에 있는 보물 석조부도 두 점이 눈에 띌 만큼 빈약하다.
　부도 정도로는 관광객의 발길을 끌지 못한다. 경북대 박물관에 있는 보물 수능엄경 권 제10도 사정은 마찬가지이다. 그 외에 팔공산 북지장사 삼층석탑, 염불암 청석탑, 신무동 마애불좌상 등의 고려 유물도 있지만 그들은 모두 문화유산 등급상 보물보다 격이 떨어지는 유형문화유산이다.
　하지만 대구에는 다른 지역에서 볼 수 없는 특별한 고려의 흔적이 있다. 왕건의 발자취를 따라 붙여진 지명 종류가 바로 그들이다. 파군재破軍峙, 독좌암獨坐巖, 살내箭灘, 왕산王山, 왕굴, 불로不老동, 연경硏經동, 무태無怠동, 실왕失王리, 안심安心, 반야월半夜月, 은적隱跡사, 임휴臨休사, 안일安逸암, 독암獨巖서원…. 국가 고려는 비록 대구에 많은 보물을 남기지 않았지만, 왕건 본인은 다른 어느 지역에서도 찾아볼 수 없으리만큼 수많은 발자취를 팔공산에서 앞산 일대에 이르기까지 줄지어 남겼다.

고려 태조 왕건은 927년 신라를 지원하기 위해 출정했다가 팔공산 동화사 아래에서 견훤과 대회전을 치른다. 이 한판 승부를 동수桐藪대전이라 한다. 동수桐藪의 '수藪'와 동화사의 '사寺'는 같은 뜻이므로(동수는 동화사의 다른 이름) 동수대전은 곧 동화사대전이다. 싸움터는 은해사 입구 태조지太祖旨부터 동화천이 금호강과 만나는 살내까지 매우 넓었지만, 승부를 판가름한 일전은 동화사 들머리인 파군재 일대에서 벌어졌기 때문에 전투의 이름이 그렇게 정해졌다.

동화천과 금호강이 만나는 두물머리 일대를 요즘도 '화살箭이 내灘를 이루었다'는 뜻의 살내箭灘(전탄)라 부른다. 왕건군과 견훤군이 치열하게 싸우는 과정에서 무수한 화살이 허공을 가르고 동화천 양옆으로 떨어졌는데, 화살이 동화천을 뒤덮어 새로운 내를 형성했다.

동수대전의 한 귀퉁이였던 연경 마을은 본디 글 읽는 소리로 가득찬 학문의 요람이었다. 동명이 경經전을 공부한다硏는 의미인 것만 보아도 그런 추측은 가능하다. 언젠가 왕건이 지나갈 때, 선비들의 글 읽는 소리가 너무나 낭랑하여 그가 지명을 그렇게 붙였다고 전한다.

송림사 맞은편에서 무태 지역으로 이어지는 산에 붙은 도덕산이라는 이름도 연경마을에서 유래한다. 글 읽는 선비들이 많아 도덕에 관한 한 연경마을을 따라올 곳이 없다는 뜻에서 동네 뒷산에 '도덕산'이라는 고상한 이름이 부여된 것이다. 그 결과 도덕산에 있는 사찰에도 유교식으로 도덕암(→사진)이라는 이름이 붙었다.

무태는 연경마을 옆을 휘돌아 흐르는 동화천(동화사에서 연유된 이름) 좌우의 들판 지역이다. 나태怠가 없다無는 뜻인 무태無怠마을의 이름도 왕건이 붙인 것이라 한다. 동화천 주변에 주둔할 때 왕건이 군사들에게 견훤군과 전쟁 중이니 절대 게으름怠이 없어야無 할 것이라고 훈시했다는 데서 이름 유래를 찾기도 하고, 마을 사람들이 부지런한 것을 보고 그렇게 작명을 해주었다고도 한다. 어느 쪽이든 무태라는 지명은 왕건이 이곳을 직접 밟은 역사의 흔적임에 틀림이 없다.

살내 전투 이후 신숭겸의 지원군이 도착하지만 끝내 왕건 군軍은 파군破軍재에서 견훤 군에게 철저하게 부서졌다破. 지금 그 일대에는 신숭겸장군 유적지가 조성되어 있다. 유적지에는 신숭겸 장군이 그곳에서 죽었음을 기리는 순절지지비殉節之地碑, 사당 표충사, 부속 건물 숭절당 등 많은 볼거리들이 자리잡고 있다.

동수대전에서 구사일생으로 목숨을 건진 왕건은 황급히 파군재 일대를 떠나 봉무동을 거쳐 평광동 시량리로 갔다가 시내를 타고 불로동까지 내려온다. 봉무동 앞을 휘감아 흐르는 동화천 개울가의 독좌암獨坐巖에 혼자 앉아 잠깐 넋을 수습한 뒤, 몸을 은신하기 위해 마을 뒷산을 넘어 평광리 끝자락인 시랑리로 피했을 듯하다. 물론 시랑리라는 마을이름의 내력도 왕건과 밀접한 관련이 있다. 전하는 바로는, 굶주림과 피로에 지친 웬 낯선 사람이 숲속에 있는 것을 본 주민이 주먹밥을 준 후 잠시 뒤에 와 보니 그가 사라져버렸다. 나중에 알고 보니 그는 왕이었다. 그래서 '왕王을 잃은失 마을里'이라는 뜻의 "실왕리"라 부르게 되었는데, 나중에는 발음하기 쉽게 '시량리'로 바뀌었다.

시량리를 떠난 왕건은 도동 측백나무숲(천연기념물)을 지나 불로동에 닿는다. 그곳에서 왕건은 전쟁처로 끌려갔거나 피난을 가버린 바람에 마을 안에 노老련한 중장년 사내들이 없는不 것을 보고 한탄했고, 그 후 마을에는 불로不老동이라는 이름이 붙여진다.

그래도 불로동은 파군재가 눈에 들어오는 지점이다. 여기까지 왔다고 왕건이 안심할 수는 없다. 반半달月이 흐릿하게 밤夜길을 비춰주는 곳까지 왔을 때 그제야 왕건은 마음心이 편안安해졌을 것이다. 반야월半夜月과 안심安心이라 지명이 왕건에서 유래되었다는 말이다.

그 후 왕건은 "금호강을 건너 지금의 경산 압량 지역이나 대구의 수성구 고모동 방면을 지나" "천변을 이용하거나, 또는 적대 세력의 이목을 피하기 위해 산기슭의 외곽을 이용(〈대구시사〉)"해 앞산 지역으로 향한다.

앞산에는 안일安逸암이 있다. 왕건이 안安전하게 숨어 지낸逸 절이라는 뜻이다. 안일암 뒤로 앞산 거의 정상까지 올라가면 왕건이 숨어 지냈다는 왕굴이 나온다.

안일암

은적隱跡사도 왕건이 숨어隱지낸 자취跡가 깃든 절이다. 은적사 바로 옆에도 왕굴이 있다. 안일암과 은적사의 반대편 앞산비탈에도 왕건은 이름을 남긴다. 임휴臨休사, 왕건이 잠시 머물면서臨 쉰休 절이라는 뜻이다.

앞산에 머물던 왕건은 견훤군의 수색으로부터 안전해지자 이윽고 "성서 지역을 거쳐 낙동강변을 따라 고려의 통제를 받고 있던 성주 지역으로(〈대구시사〉)" 옮겨간다. 〈대구시사〉는 견훤이 공산전투 대승 이후 벽진군(성주)을 크게 공격했다는 기록을 그렇게 해석하는 근거로 원용한다. 왕건이 벽진군을 거쳐 완전히 개성으로 탈출한 것이 확인되자 견훤은 그 분풀이로 성주를 무참하게 공격하였

다는 것이다.9)

---

9) 왕건 흔적으로 해석되는 해안, 일인석, 태조지에 대하여
염불암 일인석 관련 : 왕건은 신숭겸이 전사한 지금의 신숭겸장군유적지 바로 뒤에 있는, 뒷날 왕이 넘은 산이라 하여 왕산王山이라는 이름이 붙여진 작은 산을 넘어 팔공산 쪽으로 도주한다. 왕건은 팔공산 동봉 거의 턱밑까지 내달아 큰 바위 위에 홀로 앉아 비로소 한숨을 돌린다. 그때 스님 한 분이 나타나 "그 바위石는 한一 사람人만 앉을 수 있는 자리인데 그대는 뉘시기에 거기 앉으신 게요?"하며 은근히 당신이 임금이 아니냐고 물었다. 왕건이 "내가 바로 왕이오"하고 대답하자 스님은 깍듯이 예를 갖추었다. 그 바위를 일인석一人石이라 부른다. 그 이듬해(928년)에 일인석 옆에 염불암이라는 절이 신축된다. 시기적으로 미루어볼 때 왕건측의 지원을 받아 사찰이 건축된 것이 아닐까 추측된다.
이런 추측은 당시 동화사 승병들이 왕건 아닌 견훤을 지원했다는 기록에 근거한다. 〈대구시사〉도 〈승증동국여지승람〉의 '桐藪望旗而潰散'과 '自隨以歸'라는 표현을 '왕건(군)이 공산에 (처음) 왔을 때 동수(동화사)의 병력이 고려군의 기를 보고는 뿔뿔이 흩어져 도망갔다', '왕건의 구원병이 경주 지역까지 짓쳐들어가지 못하고 팔공산 권역에서 멈추게 된 것은, 견훤의 후백제군이 곧 대응하여 병력을 이끌고 온 탓도 있겠지만 이 시기의 대구 지역이 후백제의 세력권 아래 놓여 있었기 때문일 가능성이 크다'고 해석하면서 동화사 승병과 일대 주민들이 견훤을 지원했다고 본다. 그러므로 처참한 대참패 이후 팔공산 동봉 아래 깊은 골짜기까지 쫓겨온 왕건의 입장에서는 이듬해 염불암이 지어지는 외진 산속에서 승려로부터 받은 존경어린 대우가 크게 감격스러운 추억이었을 터이다.
하지만 왕건이 혼자서 팔공산 염불암까지 도망을 쳤다는 것은 아무래도 조금 미심쩍은 대목이다. 염불암으로 가는 산자락은 말이 달릴 수 있을 만큼 평탄하기는커녕 포장이 되어 있는 지금도 숨을 헐떡이며 걸어야 하는 가파른 오르막이다.

게다가 그 당시에는 염불암도 없었으니 나무와 덤불투성이가 아니었다 해도 간신히 비집고 다닐 만한 좁디좁은 산길에 지나지 않았을 것이 분명하기 때문이다.

또, 공산전 대패 바로 그 이듬해에 왕건측이 아직 적세가 강하던 팔공산 지역에 신축되는 사찰 사업을 지원했다는 해석도 무리한 견강부회로 보인다. <대구시사>가 '930년 정월에 들어서면서 고려는 경상도 지역에서의 세를 만회하고 역전의 기틀을 다지게 된다'고 기술하는 것을 보면 그 두어 해 전인 928년(공산대전 참패 바로 이듬해)에 어떻게 팔공산에 왕건의 지원을 받은 사찰이 지어질 수 있을 것인가.

게다가 싸움터의 이동 과정도 왕건의 염불암 일인석 설화와는 별로 일치되지 않는다. 기록에 따르면, 왕건과 견훤이 처음으로 맞붙은 곳은 은해사 앞 태조지太祖旨였다. 경주에서 돌아오던 견훤군과 그리로 가던 왕건군이 거기서 맞닥뜨린 것이다. 하지만 정벌에서 대승을 거둔 견훤군의 기세를 먼 길을 와 피로까지 겹친 왕건군은 당해내지 못했다. 결국 왕건군은 살내까지 밀렸다. 그때 신숭겸의 지원군이 왔고, 이에 세가 불어난 왕건군이 전열을 가다듬고 반격을 가하지만, 잘 알려진 바와 같이 용포를 대신 입고 견훤군을 속임으로써 죽음으로 시간을 벌어준 신숭겸 장군 등의 희생 덕분에 왕건은 구사일생으로 탈출하게 된다.

왕건은 어느 쪽으로 도망을 갈 것인가. 왕건군은 금호강 방향, 견훤군은 팔공산 방향에 진지를 구축하고 있었으니, 당연히 왕건이 갈 곳은 염불암이 있는 팔공산 쪽이 아니라 자신의 군대가 있는 금호강 쪽이다. 파군재에서 뒤로 물러나 봉무동 독좌암, 평광동 시량리, 불로동, 안심과 반야월, 거기서 금호강을 따라 반월당 일대를 거쳐 앞산(안일암, 은적사, 임휴사)으로, 다시 성주 방향으로 도망을 갔다고 보는 게 합당하다. 요약하면, 팔공산 염불암 일인석一人石은 왕건이 도망가다가 앉았던 바위라고 보기 어렵다.

신숭겸 유적지

불교에는 '살생, 도둑질, 간음, 거짓말, 음주'의 다섯 가지 금지 사항이 있다. 팔관회八關會는 이 오대계五大戒에 사치하지 말라, 높은 곳에 앉지 말라, 오후에는 금식하라는 세 가지 계율을 덧붙인 여덟 가지를 하루 낮 하루 밤 동안 엄격히 지키는 불교 의식이다.

팔관회 행사는 551년(진흥왕 12)에 처음 시행되었다. 하지만 진흥왕 이래 우리나라의 팔관회는 호국 성격이 짙

해안 관련 : 해안解顔도 왕건과는 무관한 지명인데, 뒷날 동수대전 이후 민간에서 그렇게 자의적으로 해석한 것으로 보인다. 파군재에서 제법 멀리 도망쳐서 이제는 어느 정도 안전하다고 느껴지자 줄곧 굳었던 왕건의 얼굴顔이 풀렸다解고 해서 그곳의 이름을 해안이라 부르기 시작했다는 것이지만, 〈삼국사기〉는 지명과 인명을 중국식으로 많이 바꾼 신라 경덕왕 때 '雉省火縣'의 이름이 '解顔縣'으로 변경되었다고 기술하고 있다. 해안의 지명이 왕건의 옛일에서 비롯되었다는 생각은 민간어원설民間語源說의 한 가지 예로 보면 되겠다.

태조지 관련 : 왕건군은 신라로 가던 중 은해사 앞 태조지太祖旨에서 왕건군과 처음으로 격돌했다고 한다. 그러나 지금 은해사 앞에서 태조지란 이름의 지명을 찾을 수는 없다. 〈대구시사〉는 이와 관련하여 〈신증동국여지승람〉의 '(태조지는) 고을(영천) 서쪽 30리쯤 되는 곳에 있는데, 전하는 말에, 고려 태조가 견훤에게 패해서 퇴병하여 공산 밑 조그만 봉우리를 보존하고 있었기 때문에 이렇게 이름한 것이다'라는 대목을 지적하면서 '태조지는 은해 입구로 추정되고 있는데, 현재는 그러한 지명이 전해지지 않는다'고 기술하고 있다.

었고, 꼭 부처만 섬긴 것도 아니었다. 천령天靈, 오악五岳. 명산, 대천大川, 용신龍神께 두루 나라의 안녕을 빌었다.

1120년, 즉위 5년차이던 고려 예종은 서경(평양)에서 열린 팔관회에 참석 중이었다. 그런데 두 허수아비假像가 말을 타고 돌아다녔다. 왕이 '저것은 무엇인가?' 물었다. 신하들이 대답했다.

"태조께서 예전에 팔관회를 여시면서 김락, 신숭겸 두 공신이 함께 자리하지 못한 것을 애석히 여겨 가상 둘을 만들어 장군 복장을 입힌 다음 옆에 앉혀 술을 권했는데, 벌컥벌컥 마실 뿐만 아니라 일어나서 춤까지 추었습니다. 그 이후로 팔관회는 두 장군을 줄곧 모시고 있습니다."

(사진 위 왼쪽) 신숭겸 장군 유적지 전경, (위 오른쪽) 표충단, 순절지 비각, (아래 왼쪽) 표충사, (오른쪽) 상절당

그 말을 들은 왕은 개국공신 김락金樂과 신숭겸申崇)의 가상假像을 바라보며 감동에 겨운 나머지, 두二 장將군을 추도悼하여 노래歌를 지어 불렀다. 사람들이 왕의 노래 '悼二將歌(도이장가)'를 받아 적었다.

主乙完乎白乎
心聞際天乙及昆
魂是去賜矣中
三烏賜敎職麻又欲

望彌阿里刺
及彼可二功臣良
久乃直隱
跡烏隱現乎賜丁

왕은 물론 우리말로 노래를 지어 불렀다. 우리 문자가 없었으므로 신하들은 한자를 이용하여 왕의 노래를 적었다. 황조가黃鳥歌처럼 한문으로 번역하여 적지 않고 이두식吏讀式 표기로 기록했다.
유리왕이 우리말로 노래한 것을 사람들이 한역시漢譯 詩로 남기는 바람에 황조가의 본래 노랫말은 전해지지 않는다. 그에 비하면 도이장가는 예종의 노랫말을 우리 소리로 기록하였으므로 거의 원형을 복구할 수 있다.

물론 한문 해독 전문가라 해서 신숭겸의 행적을 기록한 〈평산신씨 장절공유사〉에 전하는 도이장가의 뜻을 읽어낼 수 있는 것은 아니다. 한자를 활용했을 뿐 결코 한문이 아닌 까닭이다. '바람소리'를 'baramsoree'로 적어놓았다고 해서 그것을 영어로 알고 해석하려 들어서야 어찌 뜻을 파악할 수 있겠는가.

양주동梁柱東의 주해註解를 참고하여 도이장가를 대략 우리말로 옮겨가며 읽어본다.

님을 온전히 지키시려는
그 마음 하늘 끝까지 미치셨네
넋은 이미 가셨지만
대왕께서 내리신 벼슬은 대단하도다.

(탈춤을) 바라보니 알겠도다
그 때의 두 공신이시여
이미 오랜 전의 일이지만
지금도 여전히 빛나는도다

본명이 능산能山인 신숭겸은 전라도 곡성 사람이라는 설도 있고 춘천 사람이라는 설도 있는데, 분명한 것은 그가 927년 대구시 동구 지묘동에서 죽었다는 사실이다. 자신이 왕의 옷을 대신 입고 견훤 군대를 유인하는 동안 왕건을 탈출시킨 신숭겸의 절묘妙한 지智혜를 기려 마을 이름이 그렇게 지묘동이 되었다.

지묘동에는 대구시 기념물 '신숭겸 장군 유적'이 있다. 신숭겸이 죽은 자리에 투구를 묻고 네모난 봉분을 쌓아 올린 표충단, 순절 장소를 기려 표충단 바로 옆에 '高麗壯節申公殉節之地'(고려 장절 신공 순절지지) 비석, 사당과 동상 등을 두루 갖춘 역사유적으로, 왕산자락에 설치되어 있다. 왕산은 왕건이 넘어서 도망을 쳤다고 해서 붙은 이름이다.

지묘동 입구는 동화사와 파계사로 가는 길이 갈라지는 삼거리 고개이다. 고개의 이름은 파군破軍재. 왕건의 군軍대가 견훤군軍에게 크게 부서진破 고개라는 뜻이다. 이곳에도 신숭겸 동상이 있다.

신숭겸 동상, 순절비

신숭겸과 김락 두 장수는 시호가 같다. 장절壯節이다. 같은 일을 했으므로 그렇게 시호도 같다. 그래서 고려 시대에는 탈놀이에 함께 모셔져 많은 이들로부터 섬김을 받았다.

한 가지 아쉬운 것은, 신숭겸 장군은 2004년 10월 대구, 춘천, 곡성에 동상이 한꺼번에 세워지는 등 예나 다름없는 숭상을 받고 있는데 비해 김락 장군은 그렇지가 못하다는 점이다. 도이장가에도 같이 등장하고 탈놀이에도 함께 모셔졌는데, 왜 지금에 이르러서는 신숭겸 장군만 크게 추앙을 받고 김락 장군은 잊히고 있는 것일까?

　살아서나 죽어서나 사람은 같은 일을 하면 같은 대우를 받아야 한다. 그렇지 않아서 벌어지는 비극이 얼마나 많은가? 도이장가를 낳은 팔공산 자락 신숭겸 장군 유적지에서 다시 한 번 생각해본다. 모두가 인간답게 살 수 있는 길은 '공동체'에 있다고. ▮

가산산성, 그리고 대구의 성城들

　대구에 역사유적으로 '남아 있는' 성城의 대표는 가산산성이다. 공식 명칭 '칠곡 가산산성'은 가산에 있다. 그런데 가산은 팔공산의 서쪽 비탈에 있다. 팔공'산山'의 '가[邊]'에 붙어 있다고 하여 '가산'이라는 이름을 얻은 봉우리를 둘러싸고 축조된 성이 가산산성인 것이다.

　가산산성은 국가 사적이다. 복원 상태가 원형에 많이 미치지 못한다는 전문가들의 평판을 얻고 있기는 하지만, 그래도 국가사적으로 인정을 받은 것은 그만큼 역사적 의미를 지닌 덕분이다. 산 아래 평지에 외성外城을 쌓고 중턱에 중성, 산 정상부에 내성內城을 쌓는 산성 축조법의 전형적 면모를 보여주는 사적이 바로 가산산성이다. 임진왜란과 병자호란 등 외침에 시달린 끝에야 '유비무환'의 교훈을 깨달은 조선 정부가 1640년부터 1741년에 걸쳐 내성, 외성, 중성 순으로 축조했다. 국가유산청 공식 <해설>을 읽어본다.

　<임진왜란(1592)과 병자호란(1636)을 겪은 후 잇따른 외

침에 대비하기 위해 세워진 성이다. 성은 내성·중성·외성을 각각 다른 시기에 쌓았고, 성 안에는 별장을 두어 항상 수호케 하였다.

하양, 신령, 의흥, 의성, 군위의 군영과 군량이 이 성에 속하며 칠곡도호부도 이 산성 내에 있었다. 내성은 인조 18년(1640)에 관찰사 이명웅의 건의로 쌓았으며, 칠곡도호부가 이 안에 있었다. 중성은 영조 17년(1741)에 관찰사 정익하가 왕명을 받아 쌓은 것으로 방어를 위한 군사적 목적이 크다. 중요시설은 내성 안에 있으며, 중성에는 4개 고을의 창고가 있어 비축미를 보관해서 유사시에 사용하게 하였다. 외성은 숙종 26년(1700)에 왕명에 의해서 쌓았다.

성은 외성 남문으로 들어가게 되고, 성의 주변에는 송림사를 비롯한 신라 때 절터가 많이 남아있다. 1960년의 집중 폭우로 문 위쪽의 무지개처럼 굽은 홍예문이 파손되고 성벽의 일부가 없어졌으나 그 밖에는 원형대로 보존되어 있다.

가산산성은 험한 자연지세를 이용한 조선 후기의 축성기법을 잘 보여주고 있는 대표적인 산성이다.〉

가산산성은 본래 가산바위(국가 지정 명승)[10]를 거쳐

---

10) 국가유산청의 칠곡 가산바위 공식 해설: 가산바위는 17세기에 축조된 산성의 일부이며 자연 망루 중 하나로, 바위

주등산로를 타고 팔공산을 일주하는 등산객들의 애호처에 지나지 않았다. 그러나 근래 들어 도로 개설 등으로 접근성이 좋아지자 일반 방문객의 발길이 급증하고 있다. 특히 역사학습지로서 각광을 받아 가족 단위 답사자들이 끊임없이 찾는 추세이다.

가산산성 진남문

이곳은 가장 보기 좋게 복원되어 있는 진남문부터 구경한 다음, 성곽 안으로 들어가 임도를 계속 오르면 동문, 중문, 서문, 북문에까지 도달한다. 차량이 다닐 수 있도록 관리된 넓은 임도를 죽 걷기만 하면 중문 위에 오르면 멀리 대구광역시와 영남대로의 산세를 바라볼 수 있고 주변의 수림과 어우러져 더욱 아름다운 경관이다.

바위의 정상부는 진흙이 쌓여 만들어진 퇴적암(shale 셰일)이 두텁게 반석般石 형태로 돌출되어 있는데 이러한 형태는 넓고 평탄한 층리層理로 발달하여 국내의 일반적인 화강암 바위와는 달리 보기 드문 모습을 보이고 있다.

'바위 가운데의 큰 구멍에 신라 고승 도선이 쇠로 만든 소와 말의 형상을 묻어 지기를 눌러두었는데, 조선 관창사 이명웅이 성을 쌓으며 이를 없애버렸다'는 전설이 있으며, 『여지도서』(1757~1765)와 〈칠곡부읍지〉(1899)에 경관의 우수함과, 천여 명이 앉을 수 있어 사방의 경관과 봉우리 및 별들이 펼쳐져 있다고 묘사되어 칠곡의 3대 형승形勝으로 지역을 대표하는 경승이 되어온 역사성이 있다.

까지는 단숨에 도달하므로 길을 찾는 데 어려움이 없고, 급한 경사나 잡목이 우거진 숲을 헤맬 일도 없어 아주 편하다. 길이 구불구불하면서도 오르막이 아주 완만한 임도인 덕에 누구라도 가벼운 마음으로 등산을 겸해 걸을 수 있다. 그런 답사로인 만큼, 유난히 인기를 얻게 된 것은 당연지사일 듯하다.

보존 상태는, 등행길에 만나는 문 중 제일 먼저 마주치는 동문이 가장 좋다. 중문은 비록 복원이 완료된 상태이기는 하지만 옛맛은 별로 느껴지지 않는다. 게다가 서문과 북문은 거의 형태를 알아보기 어려울 수준으로, 특히 북문은 눈이 내린 날에는 찾기조차 어려우므로 억지로 그 길까지 답사할 필요는 없다. 짐승들이 다닌 '무서운' 발자국만 잔뜩 확인하게 될 뿐이다.

앞에서, 가산산성을 대구에 '남아 있는' 성의 대표라고 말했다. 역사에 가정을 두는 것이야말로 너무나 허망한 일이지만, 없어진 것의 안타까움을 되짚어보는 뜻에서 사라져버린 대구의 성들을 돌이켜본다. 이렇게 하는 것이 역사유적 답사의 참된 학습방법인 까닭이다. 대구읍성邑城이 가장 먼저 떠오른다.

가산산성이 외적의 침입에 대한 대책으로 축조된 것처럼, 대구읍성 역시 왜의 준동에 대비하여 만들어졌다. 처음에는 토성土城이었는데 왜란으로 무너진 것을 1736년에 석성石城으로 재건축하였다. 본래 대구읍성의 정문이자 남문이었지만 현재 망우공원에 복원되어 있는 영남제일관 앞의 영영축성비嶺營築城碑에 따르면 대구읍성 재축조에는 1736년 1월 8일부터 6월 6일까지 연 인원 7만 8534명이 동원되어 일했다.

영남제일관(대구읍성 남문)

그러나 북경성에 버금갈 만큼 아름다웠다는 대구읍성은, 왜침에 대비해 재축조된 탄생 이력과는 역설적이게도 왜인들과 친일파에 의해 부서지는 비극을 맞았다. 1906년 (광역시 이전의 대구시장에 해당되는) 대구군수 박중양은 야밤에 왜인 등을 동원해 막무가내로 대구읍성 파괴를 시작했다.

그 후 그는 조정에 대구읍성 철거 허가를 신청하지만, 왕의 '불허' 명령이 오기도 전에 대구읍성 성곽 전체를 모두 무너뜨려 버렸다(1907년).

당시 외국인은 대구읍성 밖에서만 장사를 할 수 있었다. 일인들은 성곽이 자신들의 이익 극대화를 가로막는 큰 걸림돌로 여겼다. 그들은 대구군수 박중양에 대구읍성 철거를 요청했고, 친일파 박중양은 그들의 청탁대로 '국보' 대구읍성을 무참하게 파괴한 것이다.

왕명까지 거역한 박중양인데도 처벌은커녕 평안남도

관찰사(지금의 도지사)로 승진했다. 이토 히로부미(伊藤博文)의 총애를 받는 자였기에 가능한 일이었다. 게다가 그 이듬해인 1908년 박중양은 경북 관찰사로 '금의환향'한다. 그는 점점 승진가도를 달려 1943년에는 중추원 부의장(국회 부의장격)까지 오른다. 일제가 1935년에 펴낸 〈조선 공훈자 명감〉에 "이토 이하 총독부의 대관으로부터 역량 수완이 탁월하다고 인식되고 비상한 때에 진실로 믿을 수 있는 사람으로, 지사 급에서는 박중양뿐"이라는 찬사(!)를 받는 인물이 바로 박중양이다.

박중양은 대구 출생자가 아니다. 경기도 양주에서 출생했다. 그는 이토 히로부미(伊藤博文)의 천거로 대구군수가 되었는데, 대구읍성 파괴 뒤 아예 대구로 원적을 옮겼고, 1945년 해방 이후에는 신천 옆 침산[11] 기슭에 거주했다. 박중양은 침산을 사유지로 만든 후 봉우리가 다섯 개 있다 하여 산 이름을 오봉산으로 바꾸었다. 아직도 대구시민 중에 침산을 오봉산이라 부르는 이들이 있는 것은 참으로 안타까운 일이다.

박중양은 고향인 경기도 양주 대신 대구에 정착해 살면서 해방 이후에도 줄곧 큰소리를 탕탕 치고 행세했다. 그것만으로도 대구의 치욕인데, 아직도 그가 사유화하여

---

11) 신천 하류 침산 아래는 옛날 사람들이 빨래를 하던 곳이다. 그래서 '빨랫돌[砧]'이 많은 강가의 '산'이라 하여 산봉우리에 '침砧산'이라는 이름이 붙었다.

작명까지 새로 한 산 이름 오봉산을 대구인들이 두고두고 부른다는 것은 너무나 어처구니없는 어불성설이다.

2007년 8월 13일, 친일반민족행위자 재산조사위원회는 박중양이 남긴 36억7110만 원 정도의 토지 8만2082㎡를 국가에 환수한다고 발표했다. 그 토지가 바로 대구시 북구 침산동 '침산공원' 일대이다. 정상부의 정자 침산정 아래에 서거정의 시 '대구 10영'[12] 중 한 수가 새겨져 있고, 금호강과 신천의 경관을 한눈에 즐길 수 있으며, 와룡산으로 넘어가는 노을을 감상할 수 있는 침산 땅이 해방 이후 62년 만에야 국유로 되돌아온 것이다.

침산정

---

12) 조선 초기 고위 관료였던 서거정은 <동문선>을 편찬한 문인이기도 하다. 그는 조상의 고향인 대구를 사랑하여 아름다운 명소 10곳을 정하고, 그 곳을 각각 읊은(詠) 시 10수를 남겼다. 이를 흔히 '대구 10영詠'이라 한다. '대구 10영'은 금호강의 뱃놀이琴湖泛舟, 입암 낚시笠岩釣魚, 거북산 봄구름龜岫春雲, 금학루 밝은 달鶴樓明月, 남소의 연꽃南沼荷花, 북벽의 향림北壁香林, 동화사의 스님 방문桐寺尋僧, 노원의 송별櫓院送客, 팔공산에 쌓인 눈公嶺積雪, 침산의 저녁놀砧山晩照이다.

침산정 아래 시비의 '침산낙조'는 다음과 같다. 水自西流山盡頭(수자서류산진두) 물은 서쪽으로 흐르고 산은 이곳에 있는데/ 砧巒蒼翠屬淸秋(침만창취속청추) 침산 푸른 숲은 가을 정취 더하네/ 晩風何處春聲急(만풍하처춘성급) 저녁바람 타고 급히 들려오는 방아소리/ 一任斜陽搗客愁(일임사양도객수) 노을에 취한 나그네 마음을 녹이네 없어진 대구읍성 타령은 이 정도로 마치고, 남아 있는 유적에 한정하여 살펴보자. 가산산성과 더불어 대구의 '살아 있는' 2대 성 유적은 단연 달성達城이다. 우리나라 고대 토성 축조의 기술을 강력히 증언하는 달성은 국가사적으로 인정되어 있다.

대구에 남아 있는 성터 중에서 가장 그 규모가 작은 것이 봉무토성이다. 봉무토성은 신숭겸 유적지로 들어가는 파군재 삼거리 바로 아래의 작은 봉우리에 자리잡고 있다. 그러나 이 토성 흔적은 비록 대구시 기념물이기는 해도 답사할 만한 자체 매력은 별로 발산하지 못한다.

하지만 봉무토성은 '이웃 잘 둔 덕에' 망외의 유명세를 만끽하고 있다. 견훤군에 대패한 왕건이 옷까지 바꿔 입고 도망쳤다가 혼자獨 망연자실 앉아坐 있었다는 바위巖 독좌암獨坐巖이 봉무토성 아래의 봉무정 대문 앞 10m 지점 개울가에 있기 때문이다.

독좌암

역사가 깃들어 있는 성터로는 도동 측백수림(천연기념물) 뒤편의 용암산성을 들 수 있다. 용암산성은 정상부 인근에 아직도 물이 솟는 샘을 거느린 특이한 지형의 성이다. 옥천玉泉이라는 이름의 샘 자체가 소중한 역사의 현장인 것이다. 임진왜란 당시 의병들이 왜병의 포위에도 굴복하지 않고 그 산에 머물며 항전을 계속할 수 있었던 것도 다 그 옥천 덕분이라고 하니, 대구시 기념물인 용암산성 흔적은 충분히 답사할 만한 가치가 있는 성터라 하겠다.

대구에 현존하는 산성 중 겉모습이 비교적 많이 남아 있는 것은 팔거산성이다. 팔달교와 북대구IC 사이의 다리로 금호강을 건너 들어가면 나타나는 작은 마을 노곡동의 뒷산에 위치한 산성이라고 해서 흔히 노곡산성이라 부르기도 하는데, 대구시 기념물로 지정되어 있다.

팔거산성은 현재 칠곡 읍내 주민들의 가벼운 등산로로 애용되고 있다. 칠곡 일대의 옛날 이름이 팔거현이었다. 1849년부터 1851년까지 대구판관으로 재직했던 서유교가 지금의 팔달교 자리 인근인 팔달진에 처음으로 다리를 놓기 이전까지는 모두들 노곡동에서 배를 타고 금호강을 건넜다. 그래서 이 일대는 교통상 및 군사상의 요지였고, 신라시대 이래 계속 산성이 축조되어 있었다.

이 외에 대구시 기념물인 대덕산성도 있다. 케이블카 위쪽 승하차장과 앞산 정상부 사이에 대덕산성을 해설하는 안내판이 두 개나 세워져 있다. 또, 청도와 가창에서 파동을 거쳐 대구 시내로 진입하는 적을 지키기 적격인 고산골 입구에 용두산성이 있었고, 봉무토성과 마주보는 곳에는 검단토성도 있었다.

대구의 성城 답사여행을 요약해서 소개해 보자. 국가

사적인 달성과 가산산성을 꼭 살펴보아야겠다. 우리나라 옛날 토성과 산성 구축 방법을 한눈에 알아볼 수 있는 소중한 유적들이다. 그리고 친일파가 없앤 대구읍성의 역사를 가슴 아파하며, 그 잔혼인 영남제일관이나마 보기 위해 망우공원도 방문해야겠다. 마지막으로, 용암산성 답사를 권하고 싶다. 임진왜란의 상처도 되새겨볼 수 있고, 특히 팔공산의 웅혼한 줄기를 가슴 시원하게 감상할 수 있는 몇 안 되는 지점이 바로 옥천 앞 정상부라는 사실을 강조해서 말해두고 싶다.

공산산성
팔공산 제2봉을 주산으로 삼아 축성

현재의 부산광역시, 울산광역시, 경상남도, 경상북도, 대구광역시 전체를 관리하는 경상감영이 대구에 설치된 것은 1601년이었다. 임진왜란을 겪으면서 조선 조정은 대구의 지리적, 군사적 중요성을 깨닫게 되었고, 상주, 경주, 안동 등지를 떠돌던 경상감영을 나라가 망할 때까지 계속 대구에 두었다. 그런데 임진왜란 동안 대구의 관군과 의병들이 머문 곳은 대구읍성이 아니라 팔공산이었다. 관군은 동화사에, 의병은 부인사에 주둔했다.

전쟁이 벌어진 지 불과 일주일 만인 1592년 5월 31일 대구읍성은 일본군에게 넘어갔다. 경상도 지역 통치를 담당한 일본군 7군 사령관 모리휘원毛利輝元(모리 데루모토)은 명석즉실明石則實(아카시 노리자네)과 제촌정광齊村政廣(사이무라 마사히로)을 수장으로 하는 1600명의 군대를 대구에 주둔시켰다.

그 바람에, 경상좌병사 이각의 명령에 따라 5월 25일 울산 좌병영을 향해 군대를 이끌고 출전했다가 6월 3일

퇴각해온 대구부사 윤현은 대구읍성으로 돌아갈 수가 없었다. 결국 윤현은 동화사를 대구 관군의 본부로 삼았고, 대구부의 관리들은 동화사 소속 암자인 염불암으로 들어갔다. 이 상황은 대구 지역 의병장 서사원의 〈낙재일기〉 1592년 6월 3일자에 '성주(대구부사)는 내상(병영)에서 동화사로 피해 돌아갔고 아리(낮은 벼슬아치) 일행은 염불암(↓사진)에 들어갔다'라고 기록되어 있다.

〈낙재일기〉에 따르면, 서사원은 6월 3일 '동화사로 가서 성주를 만났다.' 서사원 외의 다른 선비들도 동화사를 방문하여 대구부사 윤현을 만났을 터이다. 윤현은 울산의 좌병영성으로 출전했다가 경상좌병사 이각이 도주하는 바람에 하릴없이 대구로 돌아왔으므로 전쟁 상황에 대해 여러 가지를 알고 있었을 것이고, 대구 선비들을 그를 통해 이런저런 이야기들을 많이 들었을 것이 분명하다.

그런데 6월 12일자 일기에는 광해군을 세자로 책봉한 선조가 '내가 죽음을 무릅쓰고 도성을 지켜 떠나지 않을 것을 널리 다짐하노라' 하고 선포했다는 기사가 실려 있다. 선조가 광해군을 세자에 책봉한 것은 6월 8일이고, 한양을 버리고 압록강을 향해 피란을 떠난 것은 바로 그 다음날인 6월 9일이다. 선조는 불과 하루 뒤에 뒤집을 약속을 백성들에게 공언했던 것이다.

관군은 동화사에, 의병은 부인사에 본부를 차렸다

난리를 피해 팔공산으로 숨어들었던 대구의 선비들은 7월 10일 동화사의 윤현 부사를 찾아 창의 문제에 대해 논의하기 시작했다. 그런데 이 회동은 크게 기대에 미치지 못했던 듯하다. 〈낙재일기〉는 이날 일을 '정광천, 서행원, 이경임, 은복홍 등과 함께 동화사에 가서 성주를 만났다. 부로(원로)들이 스스로 몸을 굽히고 찾아가 절을 한 것은 오로지 나라를 위한 작은 충성의 발로였건만, 토주(대구부사)는 도무지 기쁜 기색도 없고 분개하는 생각도 전혀 없고, 민심을 위로하지도 못했으므로 실망하여 돌아왔다'라고 전하고 있다.

7월 21일자 일기도 대구부사가 창의에 별로 적극적이지 않았다는 사실을 증언한다. 서사원은 '성주가 비록 군사를 모았으나 분개하여 적을 토벌할 뜻이 전혀 없었으며, 무기를 안고 자신만 지키고, 나라를 잊고 자신이 살기만을 구하며 나라의 두터운 은혜를 저버리니 염치가 없는 자라 할 만하다'라며 윤현을 힐난하고 있다.

하지만 서사원, 서사술, 조계맹, 유이안, 서발, 승려 일혜, 강의중, 서지숙, 도경응, 강충립, 강흘, 도진효, 도진성 등의 대구 선비들은 뜻을 굽히지 않고 7월 22일 팔공산 정상의 공산성을 둘러보는 등 준비에 박차를 가한 끝에 이윽고 8월 12일, 공산의진군公山義陳軍이라는 이름의 대구 지역 의병 부대를 결성했다.

이때 의병 부대의 이름이 팔공산의진군이 아니라 공산의진군으로 정해진 것은 당시만 해도 공산이라는 호칭이 일반적으로 사용되었다는 사실을 말해준다. 〈선조실록〉 1593년 11월 29일자 기사에도 팔공산은 공산으로 표현되어 있다. 비변사가 선조에게 '경상좌도의 공산은 지형이 더없이 험하다'라고 말하는 대목이 그것이다. (공산의진군에 대해서는 이 책 부인사 부분 참조)

창의 후에는 매우 협조적이었던 대구 관군과 의병

창의 과정에는 곡절이 있었지만 그 이후 대구 관군과 공산의진군의 협조는 매우 원활했다. 팔공산의 대구 군대는 경주성 탈환 전투에도 함께 참여했을 뿐만 아니라, 특히 대구 일원에서 여러 차례 합동 기습 작전을 펼쳐 일본군을 무찔렀다. 대구 주둔 일본군은 동화사의 조선 관군과 부인사의 의병군에 막혀 끝내 팔공산을 점령하지 못했다. 덕분에 팔공산으로 피란 와 있던 대구부 사람들은 1592년 피해를 입지 않고 무사할 수 있었다.

당시 의병장이었던 정광천의 〈낙애일기〉에 따르면 동화사가 일본군에게 처음 점령된 때는 1593년 1월(음력)로 전해진다. 당시 일본군의 공격에 밀린 대구부사 윤현은 부인사 뒤편 팔공산 서봉 턱밑의 삼성암13)으로 피신을 했고, 이때 이후 팔공산은 항전 거점으로서의 역할을 잠시 중단하게 되었다(김진수 논문 '임진왜란 시기 팔공산의 전황과 역사적 의의'). 팔공산의 일본군은 1593년 6월 13일 완전히 철수했다.

삼성암 터 마애불

그 후 정유재란을 앞둔 조선 조정은 대구와 팔공산의

---

13) '신무동 삼성암지 마애약사여래입상(유형문화유산)' 국가유산청 해설 : 대구광역시 동구 신무동 암벽에 조각되어 있는 약사여래상이다. 민머리 위에는 상투 모양의 머리묶음이 커다랗게 솟아있고, 귀는 길게 늘어져 있다. 불상의 어깨는 자연스럽게 처리되었고, 단조로운 옷주름이 전면을 장식해 입체감을 주고 있다. 오른손은 밑으로 내려 가볍게 옷자락을 잡고 있고, 왼손은 가슴 아래로 올려서 약사여래의 상징인 구슬 모양의 약그릇을 들고 있다.

풍화로 인한 마멸 때문에 선명하게 보이지는 않지만 전체적인 표현에서 당나라 풍의 훌륭한 용모가 엿보이는 불상으로, 신라의 기법에서 고려로 전환되는 마애불의 변화를 이해하는데 좋은 작품으로 평가되고 있다.

중요성을 깊게 깨달았다. 국사편찬위원회의 〈신편 한국사〉에 따르면 조선 조정은 "왜란의 장기화에 대비, 왜군이 조기에 개전하여 올 경우 산성을 거점으로 청야전淸野戰을 전개할 계획하에 왜군의 진격로를 제어할 수 있는 요해처에 산성을 수축하였다."

이는 "임진왜란 개전 이후 조총이라는 신무기를 사용하면서 대규모의 군사력으로 공격해 들어오는 일본군을 낮은 성벽의 평지성인 읍성에서는 막아낼 수 없다는 교훈과, 행주산성을 비롯한 인천산성, 수원 독산성 등 산성에서 승리를 거둔 사례가 있었고, 한편으로는 수군과 달리 육군은 일본군에 비해 매우 열세하다는 전략적 판단에 따른 것이었다(김진수)." 조선 조정은 일본군의 진출로 중 요해처의 산성을 미리 지킴으로써 적의 예봉을 꺾고, 적이 퇴각하더라도 보급로가 차단되었을 뿐더러 약탈할 것이 없어 스스로 물러가게 하려고 생각했던 것이다. 명군 총사령관 송응창도 조선 조정에 같은 내용의 권유를 해왔다.

명군 총사령관 송응창, 대구 공산에 성 쌓으라 권유

〈선조실록〉 1593년 11월 29일자에 보면 비변사는 "중요한 곳에 방어 진지를 설치하는 일은 송경략(송응창, 명나라 총사령관)이 여러 번 의견을 말해온 바 있기 때문에 공조工曹 등의 관원을 보내어 살펴보게 했습니다. (중략)

송경략은 대구(공산산성)와 인동(구미 천생산성)을 거론하였습니다. (중략) 경상좌도의 공산은 (중략) 지형이 더없이 험하기 때문에 지난해 왜적이 산 밑에 가득하였으면서도 꼭대기에 있는 많은 피란민을 보기만 하고 올라오지 못해 많은 백성들이 온전히 살아났습니다"라고 선조에게 보고한다. 이 기사는 그만큼 대구와 팔공산의 전략적 중요성을 조선 조정이 깨닫기 시작했다는 사실을 말해준다.

공산산성은 1596년(선조 28) 들어 본격 축성에 들어간다. 공산성 축성에 대해서는, 직접 공사에 참여했던 신녕 현감 손기양孫起陽의 〈공산지公山誌〉가 잘 증언해준다. 그런데 〈공산지〉의 내용 중 특별히 눈길을 끄는 대목이 있다. 1595년(선조 28) 겨울, 용기산성(성주 가야산성)에 머물고 있던 승장僧將 유정(사명대사)의 승병들이 공산산성을 쌓기 위해 팔공산으로 이동했다는 기록이다. 그 후 유정은 팔공산 주봉(비로봉, 1192m) 아래에 군막軍幕(군대용 막사)을 설치하고 지냈다.

사명대사 초상(보물)

1596년(선조 29) 3월 31일, 일본군의 재침에 대비하기 위해 영남 지역 의병과 관군이 팔공산에서 회맹會盟(모여 다짐)한다. 그리고 9월 28일에는 2차 회맹도 가진다.

공산산성에서 대구 일원 의병들 두 차례 회맹

1597년 10월 30일, 문경을 지나 내려온 가등청정加藤淸正(가토 기요마사)의 별대가 팔공산으로 몰려왔다. 양산 주둔 일본군의 북상에 맞서 싸우다가 대패한 순찰사 이용순은 의성향교 북산에서 일본군을 기다렸지만 가등청정군은 곧장 공산성을 공격했다. 그 탓에, 보관해 두었던 엄청난 무기와 수만 석 곡식을 송두리째 빼앗겼고, 관청 건물과 창고들도 모두 불에 타 무너졌다.

팔공산으로 달려온 경주 류정柳汀 의병군은 11월 1일과 23일 일본군과 치열한 전투를 벌였다. 이 전투에서 류정, 이눌李訥 등 무수한 의병들이 전사했다. 그러나 일본군도 800여 명이 죽었고, 포 130자루를 조선 의병에 빼앗겼다. 10월 26일에는 공산성으로 달려오던 경상도방어사 권응수의 관군이 달성에서 일본군을 격퇴하기도 했다. 결국 일본군은 울산과 서생포 쪽으로 남하했다.

결론은, 동화사와 부인사를 비롯한 팔공산은 임진왜란 유적지로도 전국적 지명도를 누려야 한다. 임진왜란 당시 임금과 조정, 백성들, 그리고 명군과 일본군까지 모두가 주목했던 곳이 바로 팔공산이기 때문이다.

동화사와 공산산성에는 경상좌도 관찰사 김성일, 도원수 권율, 우의정 겸 사도四道(경상, 전라, 충청, 강원)도체찰사都體察使(왕을 대신하는 군대 지휘권자) 이원익 등이 머무르기도 했다. 그런 팔공산의 역사, 팔공산이 임진왜란 중요 유적지라는 사실을 아는 사람이 별로 많지 않다. 그만큼 국사 교육, 향토사 교육이 제대로 되지 않고 있다는 증거이다. 팔공산은 신라 때의 중악, 동수대전의 현장, 초조대장경이 보관되어 있던 곳, 갓바위를 거느린 산으로도 유명해야 하지만, 임진왜란의 뜨거운 현장으로서도 두루 알려져야 한다! ▌

오도암

오도암, 원효굴

앞에서 '사명대사가 팔공산 주봉(비로봉, 1192m) 아래에 군막軍幕을 설치하고 지냈다'라고 했다. 이 비로봉을 천왕봉이라 부르면, 팔공산 제2봉인 1176m 고지는 비로봉이 된다. 그 제2봉이 공산성의 주봉이다. 공산성 벼랑에 '팔공산 원효굴(현지 안내판의 제목)'이 있다. 굴 이름은 사명대사만이 아니라 원효대사도 팔공산에서 생활을 했다는 사실을 말해준다.

천왕봉(통칭 비로봉) 동쪽에 동봉, 서쪽에 서봉, 북쪽에 제2봉(공산성 주봉인 비로봉)이 있다. 원효굴의 현지 안내판을 읽어본다.

원효굴 입구

"군위군 부계면 동산리 팔공산 자락에 위치한 암자인 오도암悟道庵은 654년(무열왕 원년) 원효元曉(617~686)가 창건하고 6년간 머물며 득도한 곳이다. 원효는 일심一心과 화쟁和諍 사상을 중심으로 불교의 대중화에 기여한 신라의 고승으로, 이 팔공산은 원효의 출생지인 경북 경산 근처에 있어 원효대사와 가장 인연이 깊은 산으로 알려져 있다.

오도암 뒤편의 청운대(해발 1050m) 정상 절벽 근처에 위치한 이 동굴은 원효가 수도한 곳이라고 민간전승으로 전해지는 굴로서 속칭 원효굴이라 불리고 있으며, 원효의 아명인 서당을 따서 서당굴誓幢窟이라고도 불린다. 원효굴은 입구의 높이 80cm, 길이 280cm로 남쪽으로 향하고 있어 여름에는 햇빛이 들지 않고 겨울에는 햇빛이 굴 안에까지 든다.

원효굴의 바닥에는 바위틈에서 솟아난 물이 고여 있는데 원효보다 약 20년 전에 김유신 장군이 삼국통일의

오도암 동불

염원을 담아 기도하며 이 물을 마셨다는 전승이 있어 장군수將軍水라 불리게 되었다. 원효굴 바로 옆에는 한 사람이 겨우 앉을 수 있는 좌선대라고 불리는 바위가 있는데 이곳 역시 원효대사가 앉아서 수도했다고 전해진다."

대단한 전설이다. 아니 전설이 아니라, '원효굴'과 '오도암'은 '원효 석굴암(군위 아미타여래삼존 석굴)'과 더불어 팔공산을 세계가 알아주는 고승 원효대사 유적지로 만들어낼 대단한 실존實存이다. 잘 가다듬어 꼭 그렇게 되기를 기원하는 마음, 간절하다. 다만 아쉬운 바는 아직 그 셋을 두루 엮은 스토리텔링이 만들어지지 않아 소개할 내용이 별로 없다는 점이다.

마지막으로, 국가유산청 해설을 통해 '군위 오도암 금동불입상銅佛立像(대구시 문화유산자료)'을 살펴본다. "불상 높이는 약 9.4㎝로 작다. 아래를 굽어보는 것처럼 보이며 배를 앞으로 내밀고 있다. 눈, 코, 입, 귀의 생김새가 뚜렷하고 법의의 형태 등을 미루어 볼 때 8세기 중후반의 통일신라시대 불상 양식을 갖추고 있다. 광배와 좌대가 없어졌지만 다른 부분은 상대적으로 완전한 모습을 하고 있으며, 일부 도금이 떨어져 나간 부분이 있다. 주변 지역에서 금속제 불상이 나온 경우는 흔치 않아 중요한 문화유산 가치가 있다."

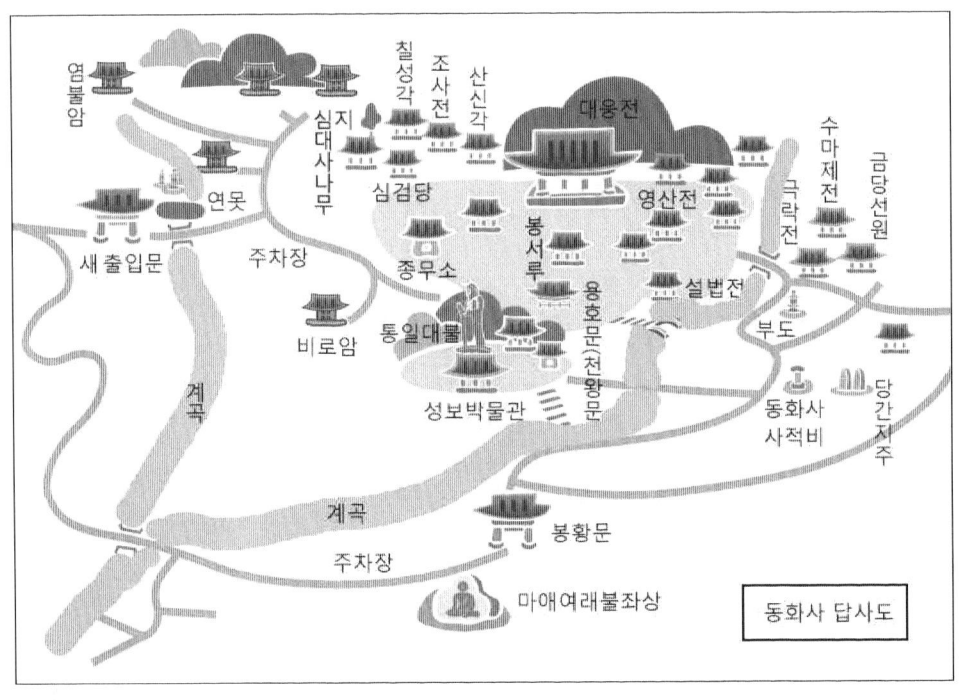

동화사
대구시 동구 팔공산로201길 41

　동화사 금당암 아래(당간지주 앞) '동화사 사적' 비명은 동화사를 "493년(소지왕 15) 극달화상이 창건하여 유가사瑜伽寺라 부르다가 832년(흥덕왕 7) 심지대사가 중건할 때 겨울철인데도 절 주위에 오동梧桐나무꽃이 상서롭게 피어 있어 동화사桐華寺라 고쳐 불러 왔다고 한다"라고 소개한다(1982년 대구 '직할시' 발간 《대구의 향기》). 그러나 심지대사가 동화사를 중창했다고 전해지는 832년(흥덕왕 7)을 실제 창건 시점으로 보는 것이 일반적이다. 신라에서 불교가 공인된 때가 527년(법흥왕 14)이라는 사실을 감안하면 493년에 동화사 같은 거대 사찰이 창건되었다는 것은 믿을 만한 기록이 못 된다.

《삼국유사》에 나오는 다음 내용도 참고할 만하다. 신라 제41대 임금 헌덕왕의 아들 심지가 나이 15세에 중이 되어 중악中岳14)에 머물러 있던 중 "속리산에서 부처의 뼈로 만든 패쪽을 전해 받는 법회가 배설된다는 소문을 듣고 찾아갔다가(리상호, 《삼국유사》, 까치)" 돌아오는 길에 그 패쪽(불골간자佛骨簡子: 부처 뼈로 만든, 점을 치는 데 쓰이는 작은 대쪽)이 자신의 옷깃에 들어 있는 것을 보고 되돌아가 반납한 후 다시 귀로에 올랐는데, 도중에 보니 패쪽이 또 자신의 옷깃에 꽂혀 있었다. 그러자 속리산의 대사가 "부처님의 뜻이 그대에게 있으니 그대가 받들어 봉행하라"면서 패쪽을 심지에게 주었다. 심지가 돌아와 팔공산 산신과 함께 높은 봉우리에 올라 서쪽을 향해 패쪽을 던졌다.

산신이 "막혔던 바위가 썩 물러서니 숫돌처럼 평평해지고/ 낙엽이 흩어지니 길이 말쑥하여라/ 부처님 뼈 패쪽을 찾게 되면/ 깨끗한 자리를 맞아 정성을 드리리라" 하고 노래했다. "노래를 부르고 나서 패쪽을 숲속에서 찾았다.

---

14) 동악 토함산, 서악 계룡산, 북악 태백산, 남악 지리산.

바로 그 자리에 불당을 지어 이를 모시니 지금의 동화사 참당籤堂 북쪽에 있는 작은 우물이 이곳이다."15)

헌덕왕의 아들인 심지는 왕위쟁탈전 와중에 숙부인 흥덕왕에게 임금 자리를 양보하고 출가했다. 세월이 흐른 후 팔공산에서 동화사를 중창하는데 오동나무 꽃이 상서롭게 피어났다. 이를 본 심지는 절 이름을 동화사桐華寺라 지었다.

대구 동화사 마애여래불좌상

동화사에는 보물을 비롯한 불교유산들이 많이 남아 있다. 옛 출입구로 들어섰을 때 바로 오른쪽 암벽, 즉 일주문(봉황문) 바로 앞 바위 절벽에 새겨져 있는 마애여래불좌상부터가 보물이다. 그런 이유에서도 동화사 답사는 옛 출입구에서 시작해야 한다. 본래의 일주문인 봉황문이 (비로암과 새 주차장으로 가는 길 입구 매표소 직전) 새 출입구가

---

15) '경산 팔공산 관봉 석조여래좌상'(속칭 '갓바위')도 선본사에서는 638년(선덕여왕 7)에 조성되었다고 말하지만, 실제로는 9세기에 만들어진 불상으로 보아야 마땅하다. "풍만하지만 경직된 얼굴, 형식화된 옷주름, 탄력성이 배제된 평판적 신체(국가유산청 해설)"는 9세기 불상의 특징이다.

아니라 옛 출입구 쪽에 세워져 있는 것 자체가 그 점을 일러준다.

봉황문(왼쪽), 마애불(오른쪽)

봉황문 앞 보물 마애불은 심지대사가 직접 정을 들고 새겼다고 전한다. 마애불磨崖佛은 절벽 형상의 바위崖에 새긴磨 불佛상이다.

국가유산청 공식 〈해설〉을 읽어본다. 〈대구 동화사 마애여래불좌상은 동화사 입구 오른쪽의 암벽을 다듬어서 조각한 불상이다. 지상에서 높이 위치한 이 불상은 구름을 타고 하늘에서 내려오는 듯한 개성 있는 모습이다.

얼굴은 부피감을 느낄 수 있는 비교적 풍만한 모습인데, 세부 표현은 평면적이며, 짧은 목에는 3개의 주름16)

---

16) **3도三道** : 수행의 3단계로, 견도見道, 수도修道, 무학도無學道를 말한다. 견도는 수행자가 진리諦를 보는 단계道, 즉 견혹見惑(보는 데서 얻는 유혹)을 벗어나는 지위라는 뜻에서 견제見諦 또는 견제도見諦道라고도 한다. 불교에서는 견도를 성취한 이를 성인 또는 성자라 부른다. 수도는 수행자가 수혹修惑(수행 중의 유혹)을 벗어난 지위이므로 수도위修道位라고도 하는데, 성인이 깨달음의 완성을 위해 나아가는 길이므로 이는 곧 성도聖道이다. 무학도無學道는 수행자의 수행이 완료되어 무학無學, 즉 더 배울 것이 없는 수준에 도달한 지위이다. 완전한 깨달음을 얻었으니 부처의 지위, 즉 불지佛地 또는 여래지如來地이다. 그 경지에 이르기 위한 일념의 표시로 새겨지는 것이

이 있고, 어깨는 반듯하다. 손모양은 오른손을 무릎에 대어 손끝이 아래를 가리키고, 왼손은 손바닥을 위로 향하게 하여 배꼽 앞에 놓았다(필자 주: 항마촉지인)17). 옷은

불상의 삼도이다.

17) 수인手印(부처님의 손 표시) :

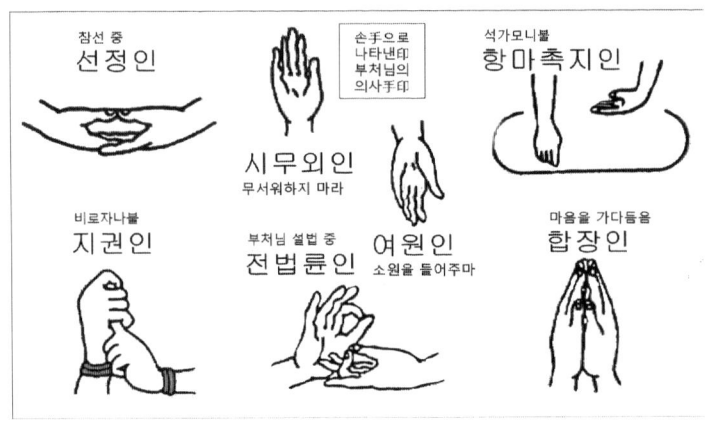

항마촉지인降魔觸地印은 삼국통일 뒤인 8세기 불상에 많이 나타나는 수인으로, 석가모니가 도를 깨닫던 순간에 지었다. 석가모니는 악마魔를 굴복시킨降 뒤 땅地신에게 자신의 깨달음을 증명해보라는 표시印로 이렇게 손 모양을 지어 가리켰다觸.

비로자나불 불상은 법(진리)으로 중생을 구제한다는 의미를 지닌 지권인智拳印의 수인을 한다. 다른 불상은 지권인을 하지 않는다. 비로자나불은 우주 전체를 총괄하는 부처이다. 온몸으로 진리의 빛光을 발해 세상을 밝히는 비로자나불을 모시는 법당에는 '대적광光전'이라는 현판이 걸린다. 석가모니불은 비로자나불이 현신現身한 모습이고, 56억7000만 년 뒤 기독교의 '메시아'와 같은 존재로서 중생들을 구제하기 위해 오는 부처는 미륵불이다.

양 어깨를 감싸고 있는데, 규칙적으로 얇게 빚은 평행의 옷주름선이 나타나 있다.

몸에서 나오는 빛을 형상화한 광배光背18)는 끝이 날카

삼한일통 이전 신라시대 불상에는 시무외인施無畏印과 여원인與願印, 통일 뒤인 8세기 불상에는 항마촉지인降魔觸地印, 9세기 불상에는 지권인이 많다.

고려 시대에는 복잡해졌다. 대승불교에서는 생각을 쉬는 수행[선정禪定]을 통해, 즉 이론적 분석과 해석을 통해서(소승불교)가 아니라 스스로의 체험과 실천을 통해 주체적으로 진리[法]의 세계界를 깨달아야 한다고 보며, 그렇게 얻은 근원적 지혜를 반야般若라 한다. 따라서 부처의 일반적 수인을 선정인禪定印 또는 법계정인法界定印이라 한다.

18) 불교는 누구나 욕심을 버리고 수도하면 부처가 될 수 있다는 교리를 가졌으므로 무신론無神論적 종교이다. 따라서 본인의 실천에 따라 해탈 여부가 결정되는 까닭에 메시아(구세주)가 없다. 그렇다면 불교 교리와 맞지 않는 미륵불은 어디에서 왔을까? 고대 그리스 사람들은 이란 남서부 사람들은 "파르스"라 불렀다. 파르스인들이 세운 아케메네스 왕조가 점점 강성해져 기원전 550년 세계 최초의 세계제국을 세웠다. 28개 민족을 복속시킨 이 세계제국의 이름은 파르스에서 기원한 페르시아였다. 페르시아는 기원전 330년 알렉산더 대왕의 군대에 밀려 패망했다.

그로부터 얼마 후인 기원전 247년 페르시아의 맥을 잇는 파르티아가 페르시아 고토 이란 일대에 건국되었다. 파르티아 사람들은 태양신 미트라를 숭배했다. 파르티아는 기원후 220년까지 약 450년 동안 로마와 세계패권을 다투었는데, 그 와중에 로마 병사들이 미트라 신을 믿게 되었다.

기독교를 극심하게 탄압했던 로마 디오클레티아노스 황제는 307년 미트라 신을 황제 수호신으로 정했고, 미트라 신의

로운 배舟 모양이다. 주변 가장자리는 타오르는 불꽃무늬를 그대로 이용하였고, 머리광배와 몸광배는 2줄의 선으로 표현하였다. 대좌는 구름 위에 떠 있는데, 구름무늬의 표현이 매우 사실적이어서 이 불상에 활기찬 생동감을 주고 있다.

원만한 얼굴, 장식성이 강한 대좌臺座(불상이 앉아 있는 자리)와 광배의 표현으로 볼 때 통일신라 후기인 9세기 작품으로 보인다.〉

대구 동화사 봉황문

옛 출입구로 들어서면서 바로 만나는 마애불만이 아니라 일주문一柱門19), 공식 명칭 '대구 동화사 봉황문鳳凰門'도 국가 지정 보물이다. 이는 동화사를 방문할 때 왜 새 출입구가 아니라 옛 출입구인 이곳으로 들어와야 하는지 그 까닭을 말해주는 또 하나의 근거이다. 새 출입구로 드나드는 사람들은 봉황문도, 봉황문 앞 마애불도 못 보고 하산하게 되는데 그래서야 되겠는가. 국가

뒷면에 원광圓光을 그려 넣었다. 그 원광이 불교의 광배光背가 되었고, 미트라 신은 대승불교에 영향을 미쳐 미륵불을 낳았다. 불상 뒤의 광배는 태양신 미트라의 빛을 상징하는 종교적 형상인 셈이다.

19) 불이문不二門이라고도 한다. 부처와 중생이 다르지 않고, 생과 사, 만남과 이별 역시 근원은 모두 하나라는 의미.

유산청의 봉황문 공식 〈해설〉을 읽어본다.

맞배지붕   우진각지붕   팔작지붕

〈'대구 동화사 봉황문'이 위치한 동화사는 신라시대에 (극달화상 또는 심지왕사가) 창건한 것으로 전해진다. 봉황문으로 불리는 일주문은 조선후기 1633년(선조 11)에 최초 건립되었다. 원래는 옹호문擁護門[20] 자리에 위치하였으나 1965년에 현 위치로 이건하였다. 봉황문 앞쪽에는 '八公山桐華寺鳳凰門팔공산 동화사 봉황문'라는 현판이 걸려 있다.

동화사 봉황문은 5량가五樑架[21]의 단칸 팔작지붕[22]이며 주심포[23]와 주간포柱間包[24]를 가진 다포식이다. 축

---

20) 천왕문의 다른 이름이다.
21) 건물이 커지면 기둥과 기둥 사이에 서까래를 받치는 용도의 목재가 셋으로는 모자라기 때문에 다섯을 넣는다. 이를 5량가라 한다.
22) 맞배지붕 집의 앞뒤 양면으로 경사지게 낸 가장 간단한 모양의 지붕으로 측면에는 지붕이 없다. 우진각지붕 건물의 사면에 모두 지붕이 있다. 팔작지붕 사면의 지붕이 우진각지붕 형태이지만 측면의 상부만 맞배지붕 형태로 만들어진, 가장 복합적이고 완비된 지붕이다.

부25)는 주천방柱穿枋26)을 사용한 상부사재형上部斜材形27)과 보조기둥형28)이 혼합된 형식으로 사례가 드물다. 보조기둥은 1920년~1951년 사이에 추가된 것으로 보인다.

창방29) 전체 배치 형식은 주기둥 사이에 창방이 놓인

---

23) 목조 건물에서, 처마 끝의 무게가 기둥에 전달될 때 그 하중을 줄이기 위해 처마와 기둥 사이에 설치하는 나무를 공포栱包라 한다. 공포가 기둥 위에만 설치되면 주심포柱心包, 기둥 위만이 아니라 기둥과 기둥 사이에도 설치하면 다포多包라 한다. 공포가 새 날개翼를 닮은 익공翼工 양식도 있는데, 이는 주심포 양식 건물보다 격이 낮거나 규모가 작은 조선시대 건물에 주로 쓰였다.

24) 다포 형식에서 기둥과 기둥 사이에 놓인 공포.

25) 축부軸部frame = 건물의 뼈대

26) 기둥을 꿰뚫는 부재

27) 양팔보형에서 주기둥의 상부에 비스듬히 부재를 덧댄 형태. 양팔보= 기둥과 창방으로 단순하게 구성된 T자형, 창방= 기둥머리에 가로로 맞추는 목재

28) 주기둥 옆에 2개의 보조기둥을 세운 형태를 말한다. * 기둥은 단면에 따라 두리기둥圓形(원기둥), 방주方柱(사각형 기둥), 다각형 기둥으로 구분하는데, 원기둥은 권위와 규모가 있는 건축물의 중요 지점에 설치한다. 원기둥을 위로 가면서 직선적으로 가늘게 만든 것을 민흘림기둥이라 하며 후대 또는 격식이 낮은 건물에 많이 쓰였다. 배흘림기둥은 원기둥의 중간 부분이 굵고 위와 아래로 가면서 곡선으로 가늘게 한 엔타시스entasis 기둥으로, 고대 또는 격식이 높은 건축물에 많이 쓰였다. 기둥을 위치에 따라 나눌 때는 우주隅柱(모서리기둥), 외진주外陣柱, 내진주內陣柱, 동자주童子柱, 활주活柱, 퇴주退柱 등으로 구분한다. 활주는 팔작지붕 건물에서 추녀가 길 때 추녀뿌리를 받치는 기능으로 설치한다.

'日'자형으로 평방의 배치 형식인 '口'자형과 다르게 구성되어 있다.

공포는 지역적인 특색이 있는 교두형 공포30)로 내부사면과 외부사면 모두가 동일하다. 또 포간 거리가 중앙에서 멀어질수록 좁아지는 다포식이다. 처마는 연목(서까래)와 부연(종된 서까래)을 사용한 겹처마로 되어있다. 봉황문 내부천장은 우물반자 형식으로 우물은 총 4개로 구성하였으며, 중앙 2개소의 우물을 제외하고 양측단 우물에는 용두龍頭 2개가 걸려 있다.

대구 동화사 봉황문은 지역적으로 계통이 비슷한 교두형 공포장식을 가지고 있고 다른 일주문 축부와 구별되는 독특한 축부軸部frame를 가지고 있다.〉

당간지주, 동화사 사적비

봉황문을 지나 계곡 왼쪽 옆을 따라 줄곧 이어지는 숲길을 올라가면 당간지주와 팔공산 사적비가 나온다. 이 길이 여름철 녹음과 가을철 단풍을 뽐내는 명소라는 사실은 재삼 말할 필요도 없다. 이 길의 아름다움과 자연스러움 또한 동화사를 찾을 때 새 출입문으로 가지 말고 이곳 옛 출입처로 들어와야 한다는 점을 굳이 강조하는 까닭의 한 가지이다.

---

29) 기둥머리에 가로로 맞추는 목재
30) 날개 모양 등으로 도출되지 않은 단조롭게 깎은 공포

깃발을 매단 장대를 두 개의 돌기둥에 꽂아 절 입구에 세워둔 '대구 동화사 당간지주'는 상식적으로 동화사 창건 무렵에 세워졌을 것이다. 이 보물 당간지주는 기둥 꼭대기를 둥글게 반원처럼 처리하고 기둥 바깥면 중간부분의 1m 정도를 얕게 오목새김하였는데 통일신라시대 당간지주의 전형적 모습이다. 보물 '대구 동화사 당간지주'에 대한 국가유산청 공식 〈해설〉을 읽어본다.

〈절에 행사가 있을 때 절의 입구에는 당幢이라는 깃발을 달아두는데, 이 깃발을 달아두는 장대를 당간幢竿이라 하며, 장대를 양쪽에서 지탱해 주는 두 돌기둥을 당간지주라 한다.
　이 당간지주는 두 기둥이 66㎝의 간격으로 마주보고 서 있다. 기둥이 마주보는 부분과 앞뒷면은 모서리를 둥글게 다듬었을 뿐 아무 장식이 없고, 바깥 면에는 모서리를 깎고 중심에는 세로로 능선을 조각하였다. 기둥의 꼭대기는 반원으로 둥글게 처리하였고, 기둥의 앞면 중간 부분 1m 정도를 살짝 들어가게 새겼다. 이러한 수법은 통일신라시대에 자주 보이는 장식 수법이다. 기둥의 위와 아래에는 당간을 고정시키기 위한

구멍이 뚫려 있는데, 위는 네모난 모양이고 아래는 둥근 모양이다.

당간을 받치던 석재가 없어지고 전체의 형태가 경쾌한 맛은 없지만 견실하고 장중한 느낌을 준다. 이 지주가 만들어진 시기는 당간지주에서 둔중함이 엿보이고, 동화사의 창건시기가 신라 흥덕왕 7년(832)인 것임을 참작하면 신라 후기로 추정된다.〉

당간지주를 지나면서 왼쪽 다리를 건너면 세계적 대불大佛 '남북통일 발원 약사여래 석조대불(약칭 '통일대불')'이 있다. 높이가 무려 30m, 둘레가 16.5m에 이르는 이 대불은 1992년 11월 27일 완공되었다. 통일대불 앞에 성보 박물관이 있고, 그 안에 사명대사 초상(보물), 보조국사 초상(보물), 아미타회상도(보물) 등이 보관되어 있다.31)

---

31) 동화사 누리집 〈성보박물관〉 : 뜻있는 스님들의 발의와 국고지원을 통해 1999년부터 공사를 진행해, 2000년에 1전시실, 2004년 2전시실, 2006년 홍보영상실을 완공하여 2007년 10월20일 개관하게 되었습니다. 박물관에는 사명당유정진영(보물), 대구동화사목조약사여래좌상복장전적(보물), 대구동화사아미타회상도(보물), 동화사보조국사진영(보물), 동화사 부도암 신중도(대구시 문화유산자료), 동화사죽암당대선사선찰진영(대구시 문화유산자료)를 포함한 많은 성보문화재를 소장하고 있습니다.

개관 이후 불교문화 전문박물관으로 동화사를 비롯한 동화사에 소속된 여러 절의 성보문화재 보관 및 소장품 확보, 체계적인 관리와 보존, 연구에 힘쓰고 있으며, 불교와 관련된 특

왼쪽 다리를 건너 통일대불로 가지 않고 그냥 직진하면 금세 다시 왼쪽에 다리가 나온다. 이 다리를 건너 올라가면 천왕문(용호문)을 지나 대웅전으로 들어가는 봉황루가 나오고, 그냥 직진해서 올라가면 또 왼쪽에 다리가 나오는데, 이 다리를 건너서 들어가면 역시 봉황루가 나타난다. 건너지 않고 그냥 직진하면 폭포골, 오른쪽 좁은 길로 꺾으면 금당암에 간다. 금당암은 일반인 출입금지 구역이기 때문에 그 사실을 설명하는 안내판이 입구에 세워져 있다. 허락을 받아 출입금지 안내판 안으로 들어서면 금당암 출입문 앞에서 승탑(고승의 사리를 안치한 탑)부터 먼저 만나게 된다.

대구 도학동 승탑

'대구 도학동道鶴洞 승탑僧塔'은 고려시대 것으로 국가 지정 보물이다. 국가유산청 공식 〈해설〉을 읽어본다.

〈승탑은 승려의 무덤을 상징하여 그 유골이나 사리를 모셔두는 곳이다. 동화사 안에 세워져 있는 이 승탑은 원래 동학동 학부락에 쓰러져 있던 것을 이 곳으로 옮긴 것으로, 바닥돌 위에 올

별전과 기획전을 통해 많은 정보와 자료를 제공하고, 다양한 문화강좌와 문화체험을 진행하고 있습니다.

려진 기단基壇32)과 탑신塔身이 모두 8각을 이루고 있다.

세 부분으로 이루어진 기단은 아래받침돌과 가운데받침돌이 하나의 돌로 이루어져 있다. 윗받침돌은 별개의 돌로 되어 있으며, 큼직한 연꽃무늬를 소박한 솜씨로 둘러놓았다. 탑신의 몸돌은 모서리마다 기둥모양의 조각을 두었고, 널찍하게 마련된 지붕돌은 윗면의 느린 곡선이 처마 끝까지 펼쳐지고 있다. 꼭대기에는 아름다운 장식을 한 2단의 머리장식이 올려져 있다. 각 부분의 양식과 조각 수법으로 보아 고려 전기의 작품으로 추측된다.〉

대구 동화사 금당암 동서 삼층석탑

승탑 왼쪽으로 작은 쪽문이 보인다. 그 문 안에 금당암이 있다. 본래 동화사 본당으로 쓰였던 절집으로, 지금은 승려들이 공부하는 공간으로 활용되고 있다. 그래서 일반인 출입이 금지된다. 금당암 경내에는 조선시대 보물인 '대구 동화사 극락전極樂殿'과 '대구 동화사 수마제전須摩提殿', 그리고 신라시대 보물인 '대구 동화사 금당암金堂庵 동·서 삼층석탑'이 있다.

국가유산청 공식 해설은 금당암 동서 삼층석탑이 '극락전 앞에' 있다고 소개하지만, 현장에 가보면 극락전 건

---

32) 기단基壇은 기초로, 건축물의 무게를 땅에 안정적으로 전달하고, 건축물의 형태를 시각적으로 드러나게 해서 안정감을 도모하며, 주건물과 부속건물의 질서를 상징하는 역할을 한다.

물을 가운데 두고 두 탑은 좌우로 각각 1기씩 있다. 결코 두 탑33)과 극락전 건물을 한 장의 사진으로 찍을 수

---

33) 탑이 먼저냐, 법당이 먼저냐

고대 인도에서는 무덤을 '스투파stupa'라 했다. 스투파가 불교 전파를 타고 중국으로 넘어오면서 '탑塔'이 되었다. 탑이 본래는 석가모니의 진신사리를 모셔놓고 예배를 드리는 공간으로 태어났다는 말이다.

물론 탑이 법당보다 먼저 생겼다. 법당은 건물인데다 규모도 커서 상당한 재정적 능력이 뒷받침되어야 건립할 수 있지만, 탑은 그에 비해 손쉽게 세울 수 있기 때문이다. 그래서 초기의 불교 신자들은 탑 앞에서 예배를 드렸다.

우리나라는 중국을 통해 불교가 들어왔다. 따라서 우리나라도 처음에는 중국처럼 여러 층의 누각 형태 목탑을 지었다. 하지만 나무 제품은 보존 기간이 짧은데다, 몽고군이 황룡사 9층 목탑을 태워 없앤 예에서 보듯이 화재에 약한 단점이 있었다.

목탑의 한계를 벗어나기 위해 중국에 전탑塼塔이 유행했다. 본래 벽돌塼집 짓기를 좋아했던 중국인다운 발상이었다. 우리나라에는 전탑이 별로 없다. 안동시 법흥동 8-1번지 7층 전탑(국보), 운흥동 231번지 5층 전탑(보물), 조탑동 139번지 5층 전탑(보물), 경북 칠곡군 동명면 구덕리 91-6번지 송림사 5층전탑(보물), 그리고 경기도 여주 신륵사 다층전탑(보물)이 현전 전탑의 전부이다.

그 후 만들기 어려운 벽돌로 탑을 쌓는 대신 돌을 벽돌塼처럼模 다듬어서 쌓은 모전模塼석탑이 창조되었다. 최초의 모전석탑은 634년에 세운 분황사 석탑(국보)이다. 그 뒤를 이어 경북 의성 탑리 오층석탑(국보) 등이 세워졌다.

본격적인 석탑은 백제에서 만들어지기 시작했다. 7세기 초

없다. 극락전極樂殿은 극락極樂을 관장하는 아미타불을 모시는 법당이다. 무량수전이라 부르기도 한다. 국가유산청의 공식 〈해설〉을 읽어본다.

〈동화사 금당암 극락전 앞에34) 동·서35)로 서 있는 2기의 석탑으로, 두 탑 모두 2단의 기단基壇 위에 3층의 탑신塔身을 세운 모습이다.

먼저 동쪽의 탑은 2단의 기단 대부분이 나중에 보수

반, 백제인들은 돌을 나무처럼 자유자재로 다듬어 전북 익산의 미륵사터 탑(국보)을 세우고, 부여 정림사터 5층석탑(국보)도 세웠다.

그 후 682년(신문왕 2) 통일신라 최초의 일가람쌍탑인 감은사의 오층석탑(국보)이 완성되었다. 그리고 751년(경덕왕 10)에는 우리나라 탑의 최고 걸작 다보탑(국보)과 석가탑(국보)이 완성되었다. 황룡사 구층목탑이 백제사람 아비지의 작품이었듯, 다보탑과 석가탑 또한 백제사람 아사달의 작품이었다.

34) 금당암의 두 탑은 극락전 앞뜰이 아니라 건물 동쪽 측면에 1기, 서쪽 측면에 1기씩 각각 서 있다.

35) 왜 '남북'이 아니고 '동서'일까? '앞산'을 한자로 옮길 때 南山으로 표기하는 까닭을 생각해볼 일이다. 우리나라 건물들은 남쪽을 바라보며 세워진다. 즉 절집 앞뜰에 두 기의 탑을 건립하면 자연스레 동서에 각각 한 기씩 놓이게 된다.

된 것이라서 돌을 다룬 수법과 끝맺음 처리 부분에서 조화를 잃어버리고 있다. 위층 기단의 각 면에는 가운데와 모서리에 기둥 모양을 새겼다. 탑신의 몸돌과 지붕돌을 각각 따로 새겨 쌓아 올렸으며, 각 몸돌에는 모서리마다 기둥 모양의 조각을 두었을 뿐 다른 장식은 없다. 지붕돌은 밑면의 받침이 4단씩 새겨져 있다. 꼭대기에는 머리장식으로 노반露盤(머리장식받침), 복발覆鉢(엎어놓은 그릇모양 장식), 앙화仰花(솟은 연꽃모양의 장식), 보주寶珠(연꽃봉오리모양 장식)가 차례로 올려져 있다.

서탑은 위층 기단의 두 면에 가운데에만 기둥 모양을 새기고, 반대쪽 면의 기둥 사잇돌을 밀어넣어 그 돌로 모서리기둥을 삼았다. 탑신부의 각 층 몸돌과 지붕돌은 각각 한 돌로 이루어져 있으며, 몸돌은 모서리마다 기둥을 본 뜬 조각을 두었다. 지붕돌은 밑면의 받침이 4단씩이다. 꼭대기에는 머리장식을 받치던 네모난 돌만 남아 있고, 그 위로 머리장식부의 무게중심을 지탱하던 쇠꼬챙이가 솟아 있다. 1957년에 탑을 해체하여 복원하였는데, 그 속에서 조그만 탑 99개와 부처님 사리를 담아두는 장치가 나왔다.

이 두 탑은 부분적으로 없어진 머리장식을 빼고는 조각의 양식이나 끝맺음 수법이 서로 비슷하고, 균형 또한 잘 이루어져 경쾌한 느낌을 준다. 기단과 탑신, 그리고 머리장식부의 세부적인 양식에서 통일신라시대 후기의

전형적인 탑의 모습을 보여주고 있다.〉

 두 탑을 둘러보고 나니 그제야 **극락전**이 눈에 들어온다. 아무려면 법당이 탑보다는 덜 눈길을 끄는 모양이다. 그런데 건물 앞뜰이 너무 좁아 한 장의 사진에 담을 수도 없고, 그러니 당연히 눈으로 살피기에도 너무 가까워 힘이 든다. 국가유산청 공식 〈해설〉을 읽어본다.

 〈'대구 동화사 극락전'은 1600년(선조 33) 금당암 영역에 건립하고 금당金堂이라 했다. 이전의 수마제전을 '고금당古金堂'으로 기록한 것은 현재 대웅전 영역이 중심인 것과 달리 창건한 이후 동화사의 중심은 금당암이었다는 것이고, 극락전을 금당金堂이라 하고 수마제전을 고금당古金堂이라고 한 것은 이전의 금당이 수마제전이고 새로 건립한 금당이 극락전이라는 것이다.

또한 통일신라에 가람을 창건한 당시의 위치에, 당시의 양식을 잘 보존하고 있는 기단과 초석36)을 그대로 유지하면서, 상부에 17세기 전반의 목조건축을 현재에 전하고 있다. 창건 당시의 기단과 초석을 그대로 사용했기 때문에, 감주減柱나 이주移柱 없이37) 동일한 기둥 간격의 평면을 구성하고 있으며, 상부 목조가구架構38)의 기본 틀 역시 고대의 기법이 남게 되었다. 뿐만 아니라 현재 마루바닥 하부에도 방전方塼39)이 깔려 있는 등 고식의 기법이 많이 남아 있다.

현존하는 상부의 목조 건축은 문헌기록을 통해 건립연대가 1622년으로 명확히 확인된다. 현존하는 임진왜란 이후에 재건된 조선 후기 불전 중에서는 건립 시기가 빠른 편에 속하며, 처마와 창호40), 단청 등에서 일제강점기

---

36) 위로부터 내려오는 무게를 받아 지면으로 전달하기 위해 기둥 아래에 설치하는 돌을 주춧돌, 한자어로 주초석柱礎石(줄여서 초석)이라 한다. 주춧돌은 자연석 그대로인 막돌을 써서 설치한 덤벙주초(덤벙초석, 막돌초석)과 막돌을 가공해서 쓴 다듬돌초석(정평초석)으로 나뉜다.

37) 감주 : 기둥 수를 줄임 / 이주 : 기둥을 옮김

38) 목조 건물의 골격 구조를 가구라 한다. 법식에 따라 단층單層, 중층重層, 통층通層으로 나뉘고, 규모에 따라 삼3량가, 오5량가, 칠7량가, 구9량가 등으로 나뉜다.

39) 흙으로 구운 보도블럭 형태의 네모반듯한 벽돌

40) 창호窓戶는 창窓과 문戶 모두를 합한 호칭이다.

이후의 개변改變41)이 확인되지만, 전체적인 구조와 의장意匠42)은 건립 당시의 상태를 잘 유지하고 있고, 건물을 이루는 부재部材43)간 및 전체적인 비례가 미려함을 잃지 않고 있다.

극락전의 공포 의장과 구조 역시 주목할 만하다. 먼저 고대의 기둥 간격 위에 17세기의 다포44)를 구성하는 과정에서 미세한 첨차檐遮45) 길이의 조정을 통해 공포대栱包帶46) 구성의 의장적 통일성을 확보한 점에서 이 건물을 조영造營47)한 목수의 탁월한 실력을 엿볼 수 있다. 그

---

41) 바꾸거나 고침

42) 시각적으로 미적 느낌을 일으키는 형체, 색채 등

43) 구조물의 뼈대를 이루는 데 중요 요소가 되는 여러 재료

44) 목조 건물에서, 처마 끝의 무게가 기둥에 전달될 때 그 하중을 줄이기 위해 처마와 기둥 사이에 설치하는 나무를 공포栱包라 한다. 공포가 기둥 위에만 설치되면 주심포柱心包, 기둥 위만이 아니라 기둥과 기둥 사이에도 설치하면 다포多包라 한다. 공포가 새 날개翼를 닮은 익공翼工 양식도 있는데, 이는 주심포 양식 건물보다 격이 낮거나 규모가 작은 조선시대 건물에 주로 쓰였다.

45) 공포를 구성하는 기본 부재의 한 가지로, 살미(첨차와 직교하여 보 방향으로 걸리는 공포의 부재)와 반턱맞춤(부재 두께의 반씩을 걷어내 맞대어 맞춤하는 것)에 의해 직교하여 결구되는 도리 방향의 부재이다.

46) 전통목구조에서 창방이나 평방 위에서 지붕하중을 직접 받치는 수평부재인 도리를 지지하는 공포가 놓인 부분 또는 이들 공포가 하나의 띠를 이루고 있는 부분

47) 궁궐이나 절 등 큰 건물을 세움

리고 제공諸貢48)의 내·외부 끝을 교두형翹頭形49)으로 처리하고, 추녀와 선자연50)이 걸리는 모서리 부분 퇴칸51)의 공포에 병첨52)을 사용하는 방식은, 17~8세기 팔공산을 중심으로 영남 지역에 집중적으로 나타나는 기법으로, 특정 지역에서 활동했던 기술자 집단의 특징을 잘 나타내고 있어 학술적으로도 매우 가치가 높다.〉

극락전 뒤 '대구 동화사 수마제전須摩提殿'도 국가 지정 보물이다. 수마제전은 극락전의 다른 이름이다. 즉 수마제는 극락이다. 국가유산청의 공식 〈해설〉을 읽어본다.

〈'대구 동화사 수마제전'은 1465년(세종 11)에 건립되었고, 임진왜란 뒤 1702년(숙종 28)에 중창되었다는 기록이 전하며, 현재의 유구遺構53)도 17세기 이후의 기법과 고식

---

48) 공포에서 주두柱頭(기둥과 공포를 연결하는 부재)로부터 살미 방향으로 차례로 쌓아올려진 부재
49) 활모양 또는 원호圓弧(원둘레)형으로 깎아낸 모양
50) 추녀 옆에서 중도리의 교차점을 중심으로 하여 부챗살 모양으로 배치한 서까래
51) 좌우 끝의 마지막 칸. 집채의 원래 칸살 밖에 딴 기둥을 세워 만든 좁은 칸살. 칸살= 일정한 간격으로 어떤 건물이나 물건에 사이를 갈라서 나누는 살(거리)
52) 두 개의 첨차를 연이어서 만든 첨차
53) 과거의 건축양식, 의례생활, 사회조직 및 경제행위 등을 파악할 수 있는 인간이 만든 움직일 수 없는 잔존물로, 주

의 기법이 공존해 연혁과 부합하는 등 그 조영 시기가 명확히 확인된다.

수마제전은 사방 1칸 규모로, 다포식 공포를 가지며 맞배지붕으로 된 불전인데, 이처럼 사방 1칸의 다포계 맞배지붕[54] 불전은 현재 국내에서 수마제전이 유일한 유구이다. 맞배지붕 불전으로 측면에 공포를 구성하지 않았지만 평방平枋[55]을 구성하고, 귀포耳包[56]에는 전각포[57]를 구성하여 이전에 다포계 팔작지붕 건물이었던 것을 해체해 일부 부재를 재사용해 다시 지었을 가능성을 보여주는 드문 사례이다. 이는 곧 본 건물의 연혁을, 1465년에 다포계 팔작지붕 불전으로

거지, 수전지, 무덤, 저장고 등의 단순한 유구와 건축물, 사원 등의 복잡한 유구로 구분된다.

54) 맞배지붕 집의 앞뒤 양면으로 경사지게 낸 가장 간단한 모양의 지붕으로 측면에는 지붕이 없다. 우진각지붕 건물의 사면에 모두 지붕이 있다. 팔작지붕 사면의 지붕이 우진각지붕 형태이지만 측면의 상부만 맞배지붕 형태로 만들어진, 가장 복합적이고 완비된 지붕이다.

55) 공포 등을 받치기 위하여 기둥 위에 초방初枋(기둥과 기둥 사이에 건너지르는 가로재인 인방 또는 창방의 끝머리 조각 형태)을 짜고 그 위에 수평으로 올려놓은 넓적한 나무

56) 건물 모서리에 놓이는 공포

57) 모서리기둥 즉 우주隅柱에 만들어진 공포

건립되었다가, 임진왜란 때 일부 피해를 입자 1702년에 해체한 후 부재 일부를 사용해 다시 지은 것으로 구체화 할 수 있는 가능성을 제시하는 것이라 할 수 있다.

수마제전의 공포 의장은 극락전과 마찬가지로 전·후면, 그리고 내·외 모두 제공의 단부端部58)에 수서垂舌59)나 앙서仰舌를 만들지 않은 교두형으로 되어 있는데, 이러한 공포 의장 기법은 17~18세기에 걸쳐 팔공산을 중심으로 영남 지역에서 집중적으로 나타나는 지역적 특성으로서, 당시 이 일대에서 주로 활동했던 동일한 계보의 기술자 집단에 의해 조영된 것임을 알 수 있다.

본 건물의 지붕가구 기법 역시 특기할 만하다. 전체적으로 보면 삼량가 구성이나, 내목도리60)를 받는 승두의 내단부61)를 안쪽으로 늘이고 그 아래에 판대공62)을

---

58) 끝머리

59) 공포에서 보 방향으로 얹어 첨차와 직교하여 짜이며 끝을 소의 혀 모양으로 오려낸 부재를 쇠서라 한다. 쇠서를 보 방향으로 경사지게 설치해서 끝부분을 뾰족하게 마감한 것을 수서垂舌, 쇠서의 끝을 아래 방향으로 곧게 만드는 대신 동그랗게 말아 올려 마치 덩굴 모양을 형상화한 것을 앙서라 부른다. 앙서는 17세기 건물에 많이 보이는데, 19세기에 이르면 만개한 꽃으로 조각되어 앞 시대와 전혀 다른 모양을 띠게 된다.

60) 공포의 안쪽에 가로 얹은 도리

61) 기둥 위에서 지붕의 무게를 전달해주는 건축 부재를 보라 한다. 보의 건물 안쪽= 내단부, 건물 바깥쪽= 외단부.

62) 판재를 사다리꼴형태로 여러 겹 겹쳐서 만든 것

세워 지지한 위에, 종보63)를 올리고 종도리를 받는, 즉 오량가의 이중량 구조처럼 보이지만, 실제는 중도리 없이 하나의 서까래만 걸친 삼량가인, 아주 독특한 방식으로 되어 있다. 그 결과 전후 도리간의 수평적 일제성이 강화되고, 더욱 안정적인 방식으로 종도리를 받을 수 있는 독창적인 구조가 되었다. 이러한 지붕가구 기법은 다른 문화재에서는 볼 수 없는 것으로 전통 목조건축 지붕가구 기법의 다양성을 보여주는 중요한 사례라 평가할 수 있다. 그리고 종도리와 내목도리 사이에 설치한 고식의 솟을합장64) 부재가 남아있는 것도 중요한 특징으로 언급할 만하다.〉

동화사 대웅전

---

63) 맨 위의 보
64) 부재상단과 종도리를 엮어 도리가 구르는 것을 막은 것

영남치영아문, 대웅전, 심검당, 조사전

금당암 쌍탑·극락전·수마제전과 그 입구의 승탑을 보고 돌아나왔든, 처음부터 출입금지 구역이다 싶어 포기했든, 지금은 직진해서 폭포골로 들어가거나 왼쪽 다리를 건너 봉서루로 가야 한다. 봉서루는 봉황이 깃들었던 문이라는 뜻으로, 동화사를 신성시하려는 정성이 엿보이는 이름이다. 봉서루 계단 초입에 둥근 돌이 놓여 있는데, 그것을 만지면 복을 받는다 하여 많은 사람들의 귀여움을 받고 있다.

봉서루 뒤쪽 지붕 아래, 대웅전을 마주 보는 지점에 '영남치영아문嶺南緇營牙門' 현판 복제품이 걸려 있는 광경을 볼 수 있다. 영남치영아문은 임진왜란 당시 사명대사가 이곳 동화사를 영남 지역 승병 부대緇營를 설치해 두고 지휘하는 관서牙門로 활용했다는 사실을 말해주는 증거물이다. 현판 진품은 물론 성보 박물관에 있다.

영남치영아문 현판이 봉서루의 지붕과 창 사이에 걸려 있어 사진을 찍으면 대웅전 전경이 비친 멋진 작품이 나온다. 그저 현판만 덜렁 찍을 것이 아니라 주의 깊게 신경을 기울

여 훌륭한 그림을 창작할 일이다. 그렇게 성심을 기울이는 행동은 사명대사에 대한 예의이자 우리 역사를 사랑하는 올바른 자세이기도 하다.

국가 지정 보물인 **대웅전**[65]은 1908년 산남의진 우재

---

65) 〈대구 동화사 대웅전(보물)〉 국가유산청 해설 : 동화사는 신라시대에 지어진 후 8차례에 걸쳐서 새로 지었으며, 대웅전 또한 여러 차례 다시 지은 것이다. 지금 있는 대웅전은 조선 후기인 영조 3년(1727)에서 영조 8년(1732)에 지은 것으로 추정한다.
　대웅전은 이 절의 중심 건물로 앞면 3칸·옆면 3칸 규모이며 지붕은 옆면에서 볼 때 여덟 팔八자 모양을 한 팔작지붕이다. 지붕 처마를 받치기 위해 장식하여 만든 공포는 기둥 위와 기둥 사이에도 있는 다포 양식이다. 문짝은 여러 가지 색으로 새긴 꽃잎을 장식해 놓은 소슬꽃살창을 달았다. 또한 기둥은 다듬지 않은 나무를 그대로 사용해서 건물의 안정감과 자연미를 나타내고 있다.
　〈대구동화사 목조아미타여래삼존상(보물)〉: 국가유산청 해설 '대구 동화사 목조아미타여래삼존상'은 높이 2m 이상의 대형 불상조각으로, 이 시기 삼존상으로는 드물게 좌상의 아미타불상을 중심으로 좌우 입상의 관음보살과 대세지보살을 배치하였다. 이 불상은 발원문發願文을 통해 현진玄眞이 주도하여 5명의 조각승이 참여하여 1629년(인조 7) 제작되었음이 밝혀졌다. 현진은 광해군비 장열왕후莊烈王后가 발원한 자인수양사慈仁壽兩寺의 11존 불상 제작 시 전국의 조각승을 이끌어 17세기 조각사에서 가장 뚜렷한 자취를 남긴 승려 조각가이다. 이 불상은 듬직하고 온화한 얼굴과 무게감 있는 당당한 신체 표현 등 현진 특유의 조각양식을 잘 반영하고 있으며, 17세기 전반 목조 불상으로 제작된 작품 중 가장 큰 규모에 속한다. 완전

룡 선봉장이 마지막 유격전을 벌였던 항일유적지이기도 하다. 우재룡 지사가 체포되어 종신유형(무기징역)에 처해지면서 산남의진의 항쟁은 마침내 막을 내렸다.

다만 우재룡은 실제로 무기징역을 살지는 않았다. 1910년 일본제국주의는 한반도를 점령한 일을 자축해 조선의 정치범들을 사면, 석방했다. 이때 우재룡도 풀려난다. 그는 허위 의병대장의 수제자 박상진, 영주 지역에서 광복단을 조직해서 활동하고 있던 채기중 등과 의기투합해 1915년 8월 25일 '1910년대에 가장 활발하게 활동한 독립운동단체(제5차 교육과정 고등학교 국정 국사 교과서)' 광복회를 대구 달성토성에서 결성한다(이 책 제3장 '팔공산은 독립운동유적' 참조).

박상진, 채기중 지사

대응전66) 왼쪽 **심검당**도 독립운동유적이다. 1919년 3

한 형태의 불신佛身과 대좌臺座를 모두 구비하였고 지금까지 큰 변형 없이 유지되어 오고 있다. '대구 동화사 목조아미타여래삼존상'은 조각가, 제작연대, 봉안사찰과 전각 등에 대한 온전한 내력을 갖추고 있고 현진이 제작한 현존 유일의 입상 작품일 뿐 아니라 시대적 조형감각이 잘 표현되어 있어 예술적, 학술적 가치 등 모든 면에서 17세기를 대표하는 작품으로서 가치가 높다.

66) **불당의 종류** : 대응전(대응보전)은 석가모니를 모시는

월 28일 동화사 청년 승려 10명은 독립만세운동을 결의한다. 이들은 29일 동화사 포교당인 대구 시내 반월당 아미산 보현사(대구 중구 문우관길 65)로 가서 태극기를 만드는 등 준비, 이튿날인 30일 바로 이웃 덕산정시장 장날을 맞아 만세시위를 벌였다. 이때 시민 3천여 명이 호응하여 1919년 당시 대구에서 전개된 만세시위 중 가장 큰 규모가 되었다. 학승學僧들은 모두 붙잡혀 대구감옥에서 고문을 당하고 10개월씩 실형을 살았다. 아쉬운 바는, 동화사에서 우재룡과 학승들에 대한 안내문을 찾을 수 없다는 점이다.

대웅전과 심검당 사이 계단을 오르면 **조사전**에 닿는다. 조사전祖師殿은 18세기 건축물인데, 이름에 조상 조祖

절집이다. 극락세계를 관장하는 아미타불을 모시면 극락전(아미타전, 무량수전)이라 부른다. 현실세계의 어려움과 질병을 해결해주는 약사불을 모시는 법당은 약사전, 아득한 뒷날 이 세상에 출현해 중생들을 구원해주는 미륵불을 모시면 용화전(미륵전)이라 한다. 미륵불은 기독교의 미래 메시아에 해당된다. 세상을 빛으로 환하게 비춰주는 최고의 부처 비로자나불을 모시면 대적광전(화엄전, 비로전)이라 한다. 그 외 부처가 되기 이전 단계 존재인 보살을 모시는 법당도 있는데, 아미타불을 보좌하는 관세음보살을 모시면 원통전(관음전), 석가불이 입멸入滅한 뒤부터 미륵불이 출현하기 전까지 윤회의 세계에서 허덕이는 중생을 심판하는 명부冥府를 관장하면서 중생을 교화하고 구제하는 대자대비大慈大悲의 지장보살을 모시면 명부전(지장전)이라 한다.

와 스승 사師가 쓰인 것을 보면 용도가 저절로 헤아려진다. 조사전에는 동화사와 관련 있는 여러 고승들의 영정이 모셔져 있다. 사명대사 초상화도 있다. 물론 국가 보물 '泗溟堂大將 眞影'(사명당대장 진영)은 통일대불 앞 성보 박물관에 있고, 조사전의 것은 일반인이 쉽게 볼 수 있도록 별도 제작한 복제품이다.

사명대사 진영眞影(초상화) 명칭 '사명당대장 진영'에 '대장'이라는 어휘가 쓰인 것은 임진왜란 당시 영남 지역 승군의 총지휘부가 설치되어 있던 곳이 동화사이고, 사명대사가 승군 사령부의 사령관이었기 때문이다. 실제로 '대장'이었다는 말이다.

사명대사는 임진왜란 때 일본까지 건너가 포로로 잡혀갔던 3천여 동포들을 구출해온 일로 이름 높은 고승이다. 게다가 동화사 누리집은 '1606년(선조 39) 사명당 유정惟政대사가 (동화사를) 중창'했다고 밝히고 있다. 동화사가 사명대사의 초상화를 고이 보관하고 있는 것은 너무나 당연한 일이다.

초상화를 보면, 사명대사는 의자에 앉아 있다. 흰 장삼을 입고, 그 위에 붉은 가사를 걸쳤다. 1800년 전후에 그려진 것으로 인정되는 이 그림은 조선 시대 공신도상功臣圖像의 필법을 보여주는 것으로 평가받는다.

사명당대장 진영은 전신상全身像이다. 그러나 사진을 그렇게 찍는 것은 불가능하다. 그림을 덮은 유리 위로

'찍사'의 상반신이 대문짝만하게 비칠 뿐만 아니라, 햇살을 받아 더욱 환해진 방문까지 덩달아 진영을 뒤덮기 때문이다. 간신히 진영 상반신만 촬영을 하고 조사전 밖으로 나오는 수밖에 ….

대구 동화사 비로암 석조비로자나불좌상

봉서루 아래와 그 앞뜰을 거쳐 오른쪽으로 접어들면 조그마한 고개 비슷한 오르막길을 넘게 된다. 왼쪽에 주차장이 보인다. 여기에서 다시 오른쪽으로 산길을 걸으면 염불암, 그리고 동봉과 비로봉까지 갈 수 있다. 왼쪽으로 내려가면 주차장에 가려서 눈에 들어오지 않던 비로암이 나타난다. 이곳에 보물 두 점이 있다. 석탑과 비로자나불상이다.

비로암은 신라 때 세워졌다. 비로암 대적광전에 '보물' 석조비로자나불좌상이 모셔져 있다. 비로자나불의 현신現身이 석가모니부처이다. 즉 비로자나불은 우주 전체를 총괄하는 부처이자, 미혹에 빠진 보통 사람의 눈으로는 볼 수 없는 광명光明의 부처이다. 그러나 진심으로 간구하고 기도하는 이에게는 언제든 어디에든 나타난다. 그래서 비로자나불을 모시는 법당을 '대적광光전'이라 부른다. 국가유산청의 공식 〈해설〉은 다음과 같다

〈'대구 동화사 비로암毘盧庵 석조비로자나불좌상石造毘盧遮那佛坐像'은 민애왕(재위 838~839)의 명복을 빌기 위해서 만든 대구 동화사 비로암 삼층석탑(보물)과 동시에 만들어졌을 것으로 추정되는 높이 1.29m의 불상이다.

둥근 얼굴은 풍만하고 눈·코·입이 작아지고 있으며, 미소가 사라지고 단아한 모습이다. 8세기 불상에 비해 어깨는 뚜렷하게 좁아졌으며, 가슴은 평평하고, 하체의 처리도 역시 둔화되었다. 이러한 위축되고 둔화된 표현은 9세기 중엽에 나타나는 전형적인 불상양식이다. 손모양은 비로자나불이 일반적으로 취하고 있는 모습으로 왼손 검지를 오른손으로 감싼 형태[67]이다.

옷은 양 어깨를 감싸고 있는데, 규칙적으로 얇은 평행

---

67) 비로자나불은 양손 모두 엄지손가락을 싸서 네 손가락을 접는 금강권을 맺은 후 가슴 앞에 올리고, 중생을 뜻하는 왼손의 식지를 똑바로 펴서 법계를 뜻하는 오른손 손바닥에 넣고 잡는 지권인智拳印을 취한다. 법으로 중생을 구제한다는 의미, 일체의 번뇌를 없애고 부처의 지혜를 얻는다는 의미, 부처와 중생은 같다는 의미, 미혹과 깨달음도 본래는 하나라는 의미 등을 나타낸다. 비로자나불만 이 수인手印을 취한다

의 옷주름선이 있고, 아랫도리에 있는 U자형 무늬가 특이하다. 부처의 몸 전체에서 나오는 빛을 형상화한 광배는 배舟 모양으로, 가장자리를 불꽃이 타오르는 모양으로 표현하였다. 광배의 꼭대기 부분에는 삼존불, 양쪽에는 8구의 작은 부처가 배치되어 있다. 대좌臺座와 광배光背[68]를 갖추고 있으며 손상이 거의 없는 9세기에 유행하던 비로자나불상의 대표적인 예이다.〉

비로전 바로 앞에 있는 보물 '대구 동화사 비로암毘盧庵3층석탑'을 감상한다. 금당암 쌍탑과 격이 같은 보물이다. 863년(경문왕 3)에 세워진 이 석탑은 높이 3.71m로, 비로암의 중심 건물인 대적광전 앞뜰에 자리하고 있다. 나직한 흙단 위에 2층의 받침을 세우고 그 위에 3층의 몸돌과 지붕돌을 올린 전형적인 신라 석탑이다. 이 석탑은 규모는 작지만 각 부분의 비례가 신라 석탑의 양식을 충실히 따른 아름다운 조형미를 보여준다. 1967년에 해체와 복원을 겪었다. 국가유산청 공식 〈해설〉을 읽어본다.

---

[68] 파르스(이란 남서부 사람들을 그리스인들이 부른 호칭)인들이 기원전 550년 역사상 최초의 세계제국 페르시아를 세웠다. 28개 민족을 통치하던 페르시아는 기원전 330년 알렉산더 대왕에게 패망하지만, 얼마 뒤인 기원전 247년 이란 일대에 페르시아의 맥을 잇는 파르티아가 건국되었다. 파르티아 사람들은 '빛의 신' 미트라를 숭배했고, 신의 뒷면에 원광圓光을 그려 넣었다. 이 원광이 대승불교로 넘어와 광배가 되었다.

〈'대구 동화사 비로암 삼층석탑'은 동화사 서쪽 언덕에 자리잡은 비로암의 대적광전 앞뜰에 세워져 있는 3층석탑으로, 2단의 기단基壇 위에 3층의 탑신塔身을 세운 모습이다. 기단의 각 층에는 네 면마다 모서리와 가운데에 기둥 모양의 조각을 새겼다. 탑신의 몸돌과 지붕돌은 각기 한 돌로 이루어져 있고, 몸돌에는 모서리마다 기둥을 본뜬 조각을 두었다.

지붕돌은 밑면의 받침수가 층마다 4단이며, 처마는 곱게 뻗어 나가다가 네 귀퉁이에서 살짝 들려 있다. 꼭대기에는 머리장식으로 노반露盤(머리장식받침)과 복발覆鉢(엎어놓은 그릇모양 장식), 보주寶珠(연꽃봉오리모양 장식)가 차례로 올려져 있다. 각 기단 위에 괴임을 여러 개 둔다거나, 지붕돌 네 귀퉁이의 들린 정도가 크지 않은 점 등에서 통일신라 후기의 석탑양식을 따르고 있는 단정하고 아름다운 작품이다.

1966년 부처의 사리를 담는 기구 일부를 도둑 맞았으나, 없어지지 않은 사리돌그릇에 신라 경문왕 3년(863)에

민애왕69)의 명복을 빌고자 이 탑을 세웠다는 기록이 남

69) 신문왕이 689년(재위 9)에 달구벌 천도를 생각했지만 결국 성사되지 못했다는 기록을 담은 《삼국사기》는 그로부터 150년 지난 839년(민애왕 2) "왕 2년 윤정월에 김양의 군대가 밤낮으로 행군해 19일 달벌 언덕에 닿았다. 왕은 군대가 닥침을 듣고 이찬 대흔, 대아찬 윤린, 억훈 등에 명해 군사를 이끌고 가서 막게 했으나 김양의 군대가 또 한 번 크게 싸워 이기니 왕의 군사 중 죽은 자가 절반이 넘었다."라며 다시 한번 대구 이야기를 전해준다. 민애왕 시기에 대구에서 큰 전투가 벌어졌는데 왕의 군대가 대패했다는 내용이다. 전투를 지켜보던 민애왕은 황급히 경주로 돌아와 숨어 지냈지만 이내 발각되어 피살당했다. 민애왕이라면 '대구 동화사 비로암 삼층석탑'과 관련되는 임금이다. (↑전 민애왕릉, 경주시 내남면 망성리 산40번지)

836년 흥덕왕이 후사 없이 죽자 왕의 사촌 김균정과 조카 김제융이 왕위를 놓고 혈투를 벌였다. 김균정·그의 아들 김우징·김양 등과, 김제융·김명·배훤익 등이 각각 다른 세력을 형성했다. 김균정이 싸움 중 피살되고 아들 김우징은 부상을 입은 채 장보고를 찾아가 은신했다.

김우징이 장보고를 찾아간 데에는 종전의 인연을 믿었기 때문이다. 중국에서 군인 생활을 하던 중 많은 신라인들이 해적에게 붙잡혀와 노예로 전락하는 것을 보고 분개한 장보고는 귀국해 "완도에 청해진을 설치해서 문제를 해결해야 한다"고 흥덕왕에게 건의했다. 그 과정에 고성군 태수였던 김양이 장보고를 시중 김우징에게 소개했고, 김우징은 청해진이 설치되도록 적극 후원했었다.

김제융은 희강왕이 되었다. 하지만 희강왕은 재위 1년1개

아 있어 중요한 자료가 되고 있다.〉

월 만인 838년 스스로 목을 매어 죽었다. 김명 등에게 참살될 것을 예감한 나머지 자살해버린 것이다. 당연히, 김명이 왕이 되었다. 그가 민애왕이다.

청해진에서 기회를 노리던 김우징과 김양이 장보고의 지원을 얻어 군대를 일으켰다. 기병 3천·보병 2천의 '반군'을 이끈 김우징은 장보고의 최측근 염장 등의 호위를 받아가며 지금의 나주군 남평면 일대 평원에서 정부군을 대파했다. 군사 규모의 우세만 믿은 정부군은 반군이 기마병 위주라는 사실을 무시한 채 들판에서 전투를 벌였다가 거의 전멸했다.

이 아둔함을 민애왕도 반복했다. 10만 대군의 위세만 믿고 위화현 일대 들판(현 수성들?)에서 맞붙었다. 정부군의 시체가 들을 덮었고, 경주로 도망친 민애왕은 숨어 있다가 끌려나와 참살되었다. 즉위 1년 만인 839년 음력 1월 22일의 일이었다.

김우징이 왕위에 올라 신무왕이 되었다. 신무왕은 장보고의 딸을 왕비로 삼겠다고 약속했으나 즉위 3개월 만에 병사했다. 아들이 대를 이어 문성왕이 되었다. 희강왕 즉위와 약 1년 만의 자살, 민애왕 즉위와 약 1년 만의 참살, 신무왕 즉위와 3개월 만의 병사, 문성왕의 즉위… 이 모든 일이 흥덕왕이 죽은 836년 이래 839년까지 단 3년 사이에 일어난 일들이다.

문성왕은 아버지 신무왕이 장보고에 한 약속을 지키려 했지만 경주 귀족들이 받아들일 리가 없었다. 귀족들은 "궁파(장보고)의 집안은 한미하므로 대왕께서 그의 딸을 맞아 왕비로 삼아서는 안 됩니다(《삼국유사》)"라며 강력히 반대했다. 결국 약속은 지켜지지 않았다. 장보고의 불만이 높아지자 신라 조정은 걱정을 했고, 염장을 사주해 장보고를 암살했다. 청해진도 해산되었다. 그 이후 신라는 해상을 지배하는 국제 권력을 상실하고 말았다.

이제 동화사의 보물급 이상 문화유산을 두루 둘러보았으니 팔공산 정상을 향해 신발끈을 동여맬 차례이다. 동화사에서 염불암을 거쳐 동봉과 비로봉으로 오르는 '팔공산 대표 등산로'를 걷는다. 사시사철 언제나 사람들이 북적인다. 길이 그만큼 걷기에 적당하는 뜻이다.

동화사에서 염불암(사진 속 절집)을 거쳐 동봉과 천왕봉(통칭 비로봉) 사이로 오르는 길은 팔공산 대표 등산로이다.

염불암 청석탑, 마애불상 2기, **일인석**

동화사에서 동봉과 비로봉을 바라보며 30분가량 올라가면 염불암이 나온다. 염불암을 눈앞에 두고 왼쪽 등산로로 들어서서 걸으면 이윽고 오른쪽 동봉, 왼쪽 비로봉으로 가게 되는 작은 삼거리에 닿는다. 염불암에서 등산로를 선택하지 않고 곧장 법당 뒤로 들어가 산비탈을 100m가량 오르면 거대한 바위가 나타나는데, 누군가가 붉은 글씨로 '一人石'이라 새겨놓았다. 927년 견훤 군에게 대패한 왕건이 피신해서 이 바위 위에 혼자 앉아 있었다는 전설에 근거해 세 글자를 파놓은 것이다. 하지만 염불암이 928년에 창건되었다는 사실을 생각해볼 때, 그리고 왕건 퇴주로가 불로동 방면이었다는 점을 헤아려볼 때 크게 신뢰할 만한 이야기는 아닌 듯 여겨진다.

염불암 뜰에 대구시 유형문화유산 '**동화사 염불암 청석탑**'이 있다. 청석탑은 흔히 靑石塔으로 표기하면서 푸른靑 돌石로 만든 탑塔처럼 생각하지만, 실제로는 층석層石으로 쌓은 탑인데 대구사람들이 쉽게 발음하느라 그렇게 굳어진 것이다.[70]

---

70) 전영권 교수는 《흥미로운 대구여행》 16쪽에서 "퇴적암

〈청석탑이란 벼루를 만들던 점판암을 이용해 만든 탑인데, 이 탑은 화강암으로 이루어진 바닥돌 이외에는 모두 이 재질의 돌이 쓰였다. (←국가유산청 자료사진이다. 요즘은 유리로 덮어 씌워 놓았다.)

 탑은 3단의 바닥돌 위에 쌓아 놓았는데, 세울 당시에는 기단基壇과 탑신부塔身部의 몸돌들이 있었을 것이나 지금은 10개의 지붕돌만이 포개진 상태이다. 지붕돌은 파손이 심하여 곳곳에 작은 돌을 괴어 놓았는데 그 모습이 안쓰럽다. 지붕돌은 밑면에 2단씩의 받침을 두었으며, 윗면에 느린 경사가 흐른다. 또한 두께가 얇고, 네 귀퉁이에서 곡선을 그리듯 한껏 들려 있어 경쾌한 멋을 이끌어낸다.

 지붕돌의 비례는 그리 아름답지 않으나, 넓다란 바닥돌 위에 세워 놓은 작은 규모의 탑으로서 안정감이 느껴

은 책을 쌓아 놓은 듯 시루떡의 모습을 보인다. 이러한 모양 탓에 지역민들은 퇴적암을 예로부터 층석層石이라 불렀다. 그런데 언제부터인가 층석이 대구 사람 특유의 발성 때문에 청석靑石으로 발음되더니, 급기야 푸른 바위로 인식하는 사람이 많아졌다. 이는 잘못된 인식이므로 지금부터라도 고쳐야 한다"라고 지적했다.

진다. 청석탑이 널리 유행하던 고려시대에 세운 것으로 추측된다.〉

법당 뒤 거대 바위에 좌우로 '동화사 염불암 마애여래좌상磨崖如來坐像 및 보살좌상菩薩坐像'이 새겨져 있다.

〈대구 팔공산 기슭의 동화사에 있는 불상으로 위쪽이 뾰족한 삼각의 자연 암반 서쪽 면과 남쪽 면에 선으로 여래상과 보살상을 조각하였다.

서쪽 면에 새겨진 높이 4m의 여래상은 연꽃이 새겨진 화려한 대좌臺座 위에 앉아 있다. 얼굴은 네모나며, 눈은 가늘게 뜨고 있고, 입가에는 약간의 미소를 띠고 있다. 대좌의 높이에 비해 양 무릎이 넓게 표현되어 균형은 잡히지 않고 있으나, 비교적 안정감을 보이고 있다. 신체는 복부 아래에만 옷이 표현되어 있으며 비록 선으로 새겼지만 대좌의 정교한 수법이 주목된다.

높이 4.5m인 남쪽 면의 보살상은 옷이 길게 흘러내려 양 무릎이 노출되지 않고 있다. 부채꼴 모양의 보관을 쓰고 있으며, 코와 입 사이가 짧아서 기형적인 인상을 주고 있다. 오른손은 복부에 평행으로 들어 엄지와 검지 손가락으로 꽃줄기를 잡고 있다.

선으로 간결하면서도 힘 있는 윤곽을 나타내고 있는 이 두 불상은 통일신라시대에 만든 것으로 추정된다.〉

파계사
대구 동구 파계로 741

　파계사로 접근하는 길에 대구시 유형문화유산인 동구 송정동 363번지 소재 '송정동 석불입상'을 먼저 둘러본다. 이 여정 외에 따로 답사하기가 마땅하지 않기 때문이다. 〈넓은 판석 모양의 화강암을 이용하여 돋을새김한 불상으로서, 훼손이 심하기는 하지만 단아하고 원만한 조각미를 지니고 있다.
　민머리 위에 상투 모양의 머리묶음이 큼직하고 귀는 긴 편이며, 얼굴은 윤곽이 부드러워 온화한 인상을 나타내고 있다. 옷은 양 어깨를 감싸고 있는데 몸매를 더욱 풍만하게 표현하고 있다. 양 손은 가슴 앞에 모으고 있는 듯하나 훼손이 심하여 자세히 알 수 없다. 사실적이고 균형잡힌 조각기법으로 보아 통일신라 시대 작품으로 추정된다.〉

　파계사에는 영조의 자취가 서려있다. 숙종은 파계사의 현응대사에게 왕자 탄생을 위한 백일기도를 부탁했고, 영조가 태어났다. 파계사에는 숙종이 1696년 '영조를 위해 기도하는 집'으로 지은 기영각祈永閣, 영조가 11세이던 1704년에 쓴 〈자응전慈應殿〉 현판(현재 성전암에 있다), 영조대왕 도포(국가민속문화유산)71)가 남아 있다(1732년).

파계사 최고의 문화유산은 영조대왕 도포(국가민속문화유산)와 '대구 파계사 원통전圓通殿(보물)'이다. 원통전은

---

71) 영조대왕의 도포(국가유산청 공식 해설) : 1979년 파계사 원통전의 관세음보살상을 금칠하다가 발견되었다. 도포와 함께 발견된 한자 두루마리에 적힌 발원문에 의하면, 영조 16년(1740) 9월 파계사 대법당을 수리하고 영조가 탱화 일천불을 희사하면서 이 곳을 왕실을 위해 기도하는 도량으로 삼고 영조의 청사상의靑紗上衣를 복장하여 만세유전을 빈다고 기록하고 있다.

도포는 조선시대에 왕을 비롯하여 사대부의 외출복으로 입혀졌던 옷으로 기록이나 유물은 16세기부터 보이기 시작한다. 형태는 곧은 깃에 넓은 소매廣袖가 달린 것으로 뒷자락이 2중 구조로 된 특징이 있다. 길에서 내려오는 기존의 뒷자락이 있으며 앞의 무가 뒷자락 안에 붙어 있어 뒷자락이 2단으로 분리되어 있다. 18세기 풍속화 중 도포를 착용한 모습에서 서로 분리되어 있는 뒷자락 모습을 볼 수 있다.

영조의 도포는 무늬 없는 사紗(은조사)로 된 홑옷으로 현재의 색상은 연한 녹색빛을 보인다. 소매는 넓은 두리 소매이며 깃의 모양은 목판깃과 당코깃 모양이 합쳐진 반당코깃(반목판깃)이다. 일반인의 도포가 곧은깃(직령깃)인데 반하여 반목판깃의 형태여서 서민과 왕족이 사용한 도포의 양식이 달랐음을 알 수 있다.

영조대왕의 도포는 전세 유물 도포 중 가장 오래된 것이면서 왕이 착용하였다는 점이 기록되어 있는 중요한 자료로 형태와 색이 비교적 완전하여 복식사적 가치가 크다고 할 수 있다.

관세음보살을 모시는 법당이다. 파계사를 답사하는 적절한 순서는 아래와 같다.

파계사 답사 순서 : 영조 나무 〉
진동루(출입 누각, 문화유산자료) 〉
원통전(보물) 〉 영산회상도(보물) 〉
건칠 관음보살좌상(보물) 〉
원통전 수미단(유형문화유산) 〉
산령각(문화유산자료) 〉
기영각(문화유산자료, 영조 모시는 집) 〉
설선당(문화유산자료, 강습소) 〉
적묵당(문화유산자료, 종무소) 〉
성전암(영조가 내려준 현판 '慈應殿')

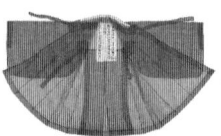

영조대왕 도포는 평상시에는 공개되지 않아 특별전시 외에는 일반인이 볼 수 없다. (국가유산청 사진)

영조나무를 쳐다본 후, 파계사 경내로 들어가기 위해 진동문 아래를 지난다. 국가유산청의 진동루鎭洞樓 공식 〈해설〉을 읽어본다.

〈파계사는 통일신라 애장왕 5년(804)에 심지왕사가 지었다고 전한다. 이 절은 원래 물줄기가 9갈래로 흩어져 있어 물길을 모은다는 뜻에서 '파계사把溪寺'라 하였으며, 누각은 파계사라는 이름으로는 부족하여 기를 진압한다는 뜻에서 '진동루鎭洞樓'라 하였다.

진동루는 조선 숙종 41년(1715)에 지었고, 그 뒤 1970년과 1976년 두 차례 보수를 거쳐 현재 모습을 갖추고 있다. 앞면 5칸·옆면 3칸의 2층 규모에, 지붕은 옆면에서 볼 때 여덟 팔八자인 팔작지붕이다.

지붕 처마를 받치기 위해 장식하여 만든 공포는 새 날개 모양인 익공 양식으로 되어 있다.72) 안쪽 천장은 뼈대가 그대로 드러나 있는 연등 천장椽燈天

障73)이다. 누각의 1층을 통로와 창고로 사용하고 있다. 이 건물은 조선시대 중·후기의 건축 양식을 잘 보여주고 있다.

진동루를 지나, 뜰 정면으로 보이는 **원통전**으로 직진한다. 〈파계사는 팔공산 자락에 원통전과 진동루가 남북축을 이루면서 좌우 건물이 위치한 전형적인 산지 가람74) 배치를 이루고 있으며, 중심 전각인 원통전은 근래 발견된 원통전 상량 묵서75)에 의해 1605년에 공사를 시작하

---

72) 팔작지붕, 공포, 익공에 대해서는 79~80쪽 참조
73) 서까래를 그대로 노출시킨 천장
74) 우리말로 '절', 한자어로 사원·사찰·가람 등으로 부른다. 절寺의 어원은 인도어 '상가람마'로, 이것이 한자로 옮겨지면서 승가람마僧伽藍摩가 되고, 줄어서 가람이 되었다.
75) 기둥과 기둥 사이에 넣어 서까래를 받치는 용도의 나

여 이듬해인 1606년에 공사를 마친 것임을 알 수 있다.

원통전은 정면 3칸, 측면 3칸으로 구성하고 내부에는 마루를 깔았다. 기단의 가구와 'ㄱ'자형 귀틀석76)의 모습 및 기법은 영주 부석사 무량수전과 유사한 것으로 보아 건물의 창건 당시인 신라 시기까지 올려 볼 수 있는 고식으로 보인다.

불상이 모셔진 수미단77)에는 수미산78)을 상징하는 각종 문양이 투각되어 있는데, 이들 중 봉황과 학은 국가 안녕과 왕손들의 수명장수를 기원하기 위하여 새긴 것으로 건칠관음보살좌상(보물) 내부 복장(불상의 몸체 안)에서 발견된 발원문 및 영조대왕 도포와 함께 파계사가 왕실의 원당임을 알게 하며, 일반적인 수미단에 비해 수작으로 평가된다.

무를 '도리', 용마루(목조건물 지붕의 주된 마루) 밑에 서까래가 걸리게 놓인 도리를 '종宗도리'라 한다. 목조 건축물의 가구에서 최상부의 부재인 종도리를 올려놓는 일을 상량上樑, 상량을 할 때 사용하는 축문祝文을 상량문(상량 묵서)이라 한다.

76) 건물 하단의 밑받침 모서리에 가로와 세로로 두 돌이 맞붙어 놓이면 시간이 지남에 따라 언젠가는 벌어지게 된다. 이를 방지하기 위해 처음부터 'ㄱ'형태 통돌을 모서리에 놓는다. 이를 귀틀석耳機石이라 한다.

77) 불상을 모셔놓은 단

78) 세계의 중심에 있다고 불교에서 생각하는 상상의 산

공포의 구성은 내외출목79) 수가 2출목으로 같으며 첨차80) 상부에 공안栱眼81)이 설치된 것이 있어 고식의 흔적이 보인다. 창호는 정면 3칸에 모두 설치하였다. 배면(집 뒷면) 양 협칸82)에는 상인방83)에 문선84)과 중간기둥 흔적이 있는 것으로 보아 쌍여닫이 판문이 있었을 것으로 추정된다.

파계사 원통전은 상량문85) 묵서에 의해 1606년 중창

---

79) 공포栱包에서 첨차(도리 방향으로 놓인 공포부재)가 주심柱心(기둥 위에만 배열한 공포)으로부터 돌출되어 도리道里(기둥과 기둥 사이에 넣어 서까래를 받치는 부재)를 받친 것을 출목出目이라 한다.
80) 도리 방향으로 놓인 공포부재
81) 첨차 상부 소로(공포재의 밑에 받치는 됫박 모양의 네모진 나무)가 앉는 자리 사이. 빈 공간으로 깎아 투과하거나 어깨의 옆면을 조금 파내거나 함.
82) 정면이 여러 칸으로 된 건물에서, 중앙에 있는 칸 다음에 위치하는 칸
83) 출입구나 창 등 건축물 입구의 각 기둥 위에 수평으로 가로질러 놓인 부재를 '상인방上引枋'이라 한다. 윗부분의 무게를 구조적으로 지탱해 주는 뼈대 역할을 한다.
84) 창문, 출입구 등의 둘레에 장식으로 설치된 화장목
85) 상량문上樑文의 樑은 우리말 '들보(줄임말 '보')'이다. 들보는 지붕 등 위에서 내려오는 무게를 수평으로 들어 받치는 나무로(樑에 木이 들어 있다), 기둥과 벽체 위에 수평으로 걸쳐진다. 기둥에 보를 얹고 그 위에 (지붕을 받치기 위해 그 아래에 평행으로 까는 서까래 나무를 걸 수 있도록 설치하는) 마룻대를 올리는 일을 상량이라 한다. 상량을 할 때 천지신명 등에게 제사를 지내는데, 그 제문을 상량문이라 한다.

되었음이 밝혀진 건물로 고식의 기단을 비롯한 17~18세기의 건물에서 나타나는 다포맞배[86] 건물의 전형적인 공포 형식의 특징을 비교적 잘 간직하고 있을 뿐만 아니라 왕실의 원당임을 입증할 수 있는 각종 유물이 온전히 보전되어 있어 국가지정유산 보물로서의 가치가 있다.〉

원통전

원통전에 영산회상도靈山會上圖[87]와 '대구 파계사 건칠

---

86) 다포형식多包形式은 기둥 상부 이외에 기둥 사이에도 공포를 배열한 건축양식이다. 이때 기둥 위에 올라간 공포를 주상포柱上包라 하고 기둥 사이에 놓인 포를 간포間包라 한다. 맞배지붕(gable roof)은 추녀가 없고 지붕이 두 개의 사면으로 이루어져 마치 책을 엎어놓은 듯한 모습의 지붕이다.

87) 국가유산청 공식 해설 : 석가가 영축산에서 제자들에게 설법하는 장면을 묘사한 영산회상도이다. 크기는 길이 340cm, 폭 254cm이며 비단 위에 채색되었다.
　중심에 본존불인 석가여래를 두고 좌우대칭으로 여러 보살과 무리들이 석가를 에워싸고 있다. 주로 녹색과 붉은색을 사용해 밝고 화려하며 옷에 칠해진 금빛이 매우 찬란하다. 이 그림은 다른 영산회상도와 구별되는 몇 가지 특징이 있다. 첫째, 조선시대 불화에서 석가여래의 광배는 몸 뒤의 신광과 머관음보살좌상乾漆觀音菩薩坐像'이 있다. 영산회상도, 보살좌상, 보살좌상의 복장유물腹藏遺物(불상을 만들 때 그 안에 모신 물건)은 모두 국가 지정 보물이다.

건칠은 옻칠이니, 건칠관음보살좌상은 앉아 있는 관음보살 불상에 옻칠을 했다는 말이다. 건칠관음보살좌상은〈유리상자를 씌워 단독으로 모시고 있다. 불상 안에서 발견된 기록에 의하면 세종 29년(1447)에 다시 만들었다고 적혀 있어 연대가 올라갈 가능성이 있다.

전체 높이는 108.1cm이며 머리에는 꽃모양을 정교하게 붙인 3중의 높은 관이 묵중하게 씌어져 있다. 오른손은 어깨쪽으로 들어 엄지와 중지를 맞대고 손바닥을 밖으로 하고 있으며, 왼손은 약간 들어 엄지와 중지를 맞댈 듯이 하여 손바닥을 위로 하고 있다. 옷깃이 양쪽 팔에 걸쳐 무릎으로 흘러 오른발 끝을 덮은 점이라든가, 가슴과 양팔, 무릎 등 전신을 감싼 화려한 장식, 무릎 밑에 보이는 물결무늬 등에서 앞시대의 영향이 나타난다.

근엄한 표정, 두터운 옷, 손모양, 가슴위로 올라온 치

리의 두광을 함께 표현하는데 비해 이 그림은 신광만을 표현했다. 둘째, 부처님의 옷에 밭 전田자 무늬가 그려져 있지 않았고 셋째는 부처의 오른쪽 발목에 꽃잎장식이 보이지 않는 점이 그러하다. 능숙한 붓놀림과 화려한 채색 등이 매우 돋보이는 18세기 초를 대표하는 불화이다.

이 영산회상도는 조선 숙종 33년(1707)에 왕실에서 뜻을 모아 제작한 것으로 자료적인 가치도 매우 높은 작품이다.

마를 주름잡아 끈으로 고정시킨 것 등은 (경북 영덕) 장육사 건칠보살좌상(보물)과 비슷하며, 고려 후기 불상의 전통적인 특징을 지닌 작품이라고 할 수 있다.〉

건칠보살좌상이 놓인 수미단(須彌壇)[88])은 대구시 유형문화유산이다. 〈파계사 원통전에 있는 이 수미단은 상·중·하대를 갖춘 조선 후기 일반형 수미단의 형식을 잘 보여주는 사례로, 중대의 장엄에는 수호와 공양을 상징하는 문양과 불교적 색채를 띤 길상문(吉祥紋)[89])을 함께 조각하여 조선 시대 17세기의 길상장엄의 상징적인 의미가 잘 반영되어 있다. 원통전의 건립 시기

수미단 문양 일부

(1605년)를 기준으로 수미단의 조성 시기를 17세기 전반으로 추정한다.〉

원통전 뒤에 산령각이 있고, 왼쪽에 영조를 위해 기도 올리는 집 기영각이 있다. 기영각 앞에 강습소인 설선당이 있고, 마당 건너편에 종무소로 사용되는 적묵당

---

88) 수미산 : 불교에서 세계의 중심에 있다고 하는 상상의 산이다. 수미산 가장 낮은 곳에는 인간계가 있고, 수미산 하계下界에 지옥이 있다.
89) 행복과 길복을 나타내는 상징적 무늬

이 있다. 모두 문화유산자료로 지정되어 있다.

파계사 산령각山靈閣 / 문화유산자료

〈산령각을 지은 시기는 알 수 없으나 1976년에 고쳐 세우고 1979년 보수를 거쳐 오늘에 이르고 있다.

앞면 1칸·옆면 1칸 규모이며, 지붕은 옆면에서 볼 때 사람 인人자 모양을 한 맞배지붕이다. 지붕 처마를 받치기 위해 장식하여 만든 공포는 기둥 윗부분에 새 날개 모양으로 짜 올렸다. 건물 안팎으로는 단청을 하여 화려함을 더하고 옆면 외벽에도 그림을 그려 넣었다.

전통 민간신앙이 불교에 습합褶合되어 나타난 전각 중 하나로 화려한 꾸밈을 엿볼 수 있다.〉

파계사 기영각祈永閣 / 문화유산자료

〈기영각은 조선 숙종 35년(1696)경 현응조사가 성전암과 함께 지었다고 전하며, 1974년과 1983년 두 차례에 걸쳐 보수공사를 하였다.

앞면 3칸·옆면 2칸 규모로, 지붕은 옆면에서 볼 때 여덟 팔八자 모양인 팔작지붕이다. 지붕 처마를 받치기 위해 장식하여 만든 공포는 기둥 위에만 설치한 주심포 양식이다.

천장은 우물 정井자 모양으

로 천장 속을 가리고 있는 우물천장으로 꾸몄다. 조선 후기의 공포 양식을 보여 주는 좋은 예라 할 수 있다.〉

파계사 설선당設禪堂 / 문화유산자료

〈적묵당과 마주보게 배치된 설선당은 인조 1년(1623)에 계관법사가 지었고 여러 차례 보수를 거쳐 오늘에 이르고 있다.

앞면 7칸·옆면 7칸 규모이며, 지붕은 옆면에서 볼 때 여덟 팔八자 모양과 비슷한 팔작지붕이다. 식당과 강습소로 사용하고 있는 이 건물은 소박하면서도 간결한 옛 건축의 아름다움을 보여주고 있다.〉

파계사 적묵당寂默堂 / 문화유산자료

〈적묵당은 조선 광해군 12년(1620)에 지었다는 기록이 있으나 정확하지 않다. 숙종 21년(1695)에 고쳐 지은 후, 여러 차례 보수를 거쳐 오늘에 이르고 있다.

앞면 6칸·옆면 6칸 규모의 건물로 지붕은 옆면에서 볼 때 여덟 팔八자 모양을 한 팔작지붕이다. 간결한 조선 후기의 건축 양식을 보이는 좋은 예로서 소박한 옛 건축의 아름다움을 느끼게 한다.〉

적묵당을 둘러본 뒤 진동문으로 나와서 오른쪽으로 산길을 30분가량 오르면 성전암(↓사진)에 닿는다. 앞에 불이문이 별도로 세워져 있는 성전암은 기도 도량이므로 일반인이 들어갈 수 없다. 영조가 내린 현판 자응전慈應殿은 본래 이곳에 걸려 있었다.

성전암에서 다시 파계사로 내려와 사찰 경내를 벗어난 다음, 파계사 삼거리에서 왼쪽으로 동화사 방향을 향한다. 동화사 또는 부인사로 가거나, 부인사 가기 조금 전 대구교육팔공산수련원 앞에서 오른쪽 좁은 길을 타고 내려온다. 동화사와 부인사는 각각 하루를 잡아 답사해야 할 만큼 살피고 생각할 것이 많은 답사지이므로 다음에 찾기로 하고, 오늘은 오른쪽 좁은 길로 내려온다.

'신무동 마애불좌상(유형문화유산)'이 있는 동구 신무동 235-7번지로 가게 된다.

〈부인사 계곡 아래쪽에 위치하고 있는 이 불상은 지상에 노출된 큰 바위 위에 돋을새김한 불상이다.

머리에는 작은 소라 모양의 머리칼을 붙여 놓았으며 길쭉한 얼굴은 풍만감을 주고 있다. 어깨는 당당하며 양 어깨를 감싸고 있는 옷에는 경직된 모습의 옷주름이 표현되었다.

손은 오른손을 위로 들어 손바닥을 밖으로 향하게 하고, 왼손은 손바닥을 밖으로 향하게 하여 내리고 있는 모습이다.

불상이 앉아있는 대좌臺座는 위와 아래를 향한 연꽃을 새겼는데, 위를 향한 연꽃 속에는 꽃무늬를 새겨 놓았다. 광배光背는 머리광배와 몸광배를 선으로 구별하고 있는데, 머리광배에는 고사리무늬를 새기고 가장자리를 불꽃무늬로 장식하였다.

이 불상은 길쭉한 얼굴, 경직된 옷주름 등의 조각 기법으로 보아 고려시대에 만들어진 것으로 보인다.〉

용수동 당산龍水洞堂山'이 다음 차례이다. 신무동 마애불좌상을 둘러본 뒤 다시 길을 떠나 내리막길을 계속 따라오면 동구 용수동 420번지에 닿는다.

《(대구 시내에서) 팔공산 동화사로 가는 길목의 왼쪽 골짜기에 용수 마을이 자리하고 있다. 마을에는 직접적인 신앙의 대상물이 되고 있는 당산이 있는데, 여러 그루의 나무 사이에 크고 작은 자연석을 둥글게 쌓아 올려 비교적 매끄러운 모습을 간직하고 있다.

이곳에서 마을의 안녕과 번영을 기원하는 제사를 지내는데, 제사 비용은 마을 공동으로 마련하고, 마을 어른들이 모여 제관을 정하게 된다. 선출된 제관은 제사 당일 마을 앞 개울에서 목욕재개한 후 혼자서 제사를 올린다. 마을에 전하는 바에 따르면 이 마을에 맨 처음 자리잡고 살게 된 '배씨裵氏'와 '구씨具氏'가 마을 입구에 나무를 심고 돌을 쌓아 제사를 지내기 시작한 데서 이 당산이 유래되었다고 한다.

마을 주민이 한 자리에 모여 함께 진행하던 당굿과 동제의 풍습은 1970년대 후반부터 자취를 감추었지만 당산만은 여전히 마을을 지키는 수호신으로서 당당한 자리매김을 하고 있다.》

부인사
대구 동구 팔공산로 967-28

팔공산 부인사는 1232년 몽고군의 2차 침입 때 전소되었다. 이때 대장경 판각板刻(나뭇조각에 새긴 글씨)도 몽고군의 방화로 불에 타 사라진다. 역사에서 '그때 그렇게 되지 않고 이렇게 되었더라면' 하는 식의 가정법은 한낱 무의미한 상상에 지나지 않지만, 해인사에 보관되어 있는 팔만대장경 판각이 세계문화유산으로 지정된 사실을 생각하면, 그보다 약 200년이나 앞서 제작된 부인사 대장경 판각이 그처럼 허망하게 소실된 것은 참으로 안타까운 일이다.

고려는 무려 70년에 걸쳐 부인사 대장경 판각을 만들었다. 아니, 그냥 '대장경' 판각을 만들었다. 거란의 침략을 호국 불교의 힘으로 막아보려는 종교적 발상의 결과였다. 부인사 대장경 판각은 1011년부터 판을 짜기 시작하여 1078년에 이르러서야 비로소 완성되었다. 하지만 몽고군은 이를 무참히 불살랐고, 그래서 해인사 '재조再雕대장경' 판각이 재차 만들어지면서 부인사 판각은 '초조初雕(처음 새긴) 대장경'이라는 새 이름을 얻었다.

부인사 답사 순서

(1) 주차장 위 부도90)(유형문화유산, 136쪽에 사진) 감상, 부도의 주인 승려의 호 '隱通堂' 찾기, 안내판 읽기

(2) 주차장과 부인사 사이 거대 고목들 아래에 줄지어 놓여 있는 '부인사 터'91) 석재들을 보며 몽고군의 침략과

---

90) '부인사 부도(대구시 유형문화유산)' 국가유산청 해설 : 부인사 한켠에 자리하고 있는 승려의 사리탑이다. 통일신라시대 이후 가장 많이 사용된 양식으로, 4각의 바닥돌 위에 올려진 각 부분이 모두 8각의 평면을 기본으로 삼고 있다. 상·중·하 세 부분으로 이루어진 기단基壇은 아래받침돌의 윗면에 연꽃을 두르고, 옆면에는 4마리의 사자상을 도드라지게 새겼다. 가운데받침돌은 4면에 꽃무늬를 장식하고, 나머지 면에는 동물상과 동자상을 두었다. 윗면이 넓게 퍼진 윗받침돌은 연꽃을 새겨 둘러 놓았다.

탑신塔身의 몸돌은 위아래를 오므려 놓아 배흘림기둥 모양을 하고 있으며, 한쪽 면에는 '은통당隱通堂'이라는 승려의 호가 적혀 있다. 지붕돌은 윗면의 여덟 모서리선과 기와골이 사실적으로 표현되어 있고, 모서리가 마무리되는 각 귀퉁이마다 꽃조각 대신 도깨비의 얼굴이 조각되어 있으며, 밑면에는 2중의 서까래를 새겨 겹처마를 표현하였다. 꼭대기에는 최근에 새로 만든 머리장식이 놓여 있다.

전체적으로 각 부분의 비례가 어색하고, 조각기법도 간략화되어 섬세함이나 화려함이 부족하다. 이러한 형식적인 수법으로 보아 조선 중기의 것으로 보이나, 정확한 것은 '은통당'이라는 호를 쓴 승려가 누구였는지 밝혀져야 알게 될 것이다.

91) '부인사터(대구시 기념물)' 국가유산청 해설 : 부인사는

소실된 초조대장경 생각해보기

　(3) 석재들의 오른쪽 계단을 통해 사찰 정면으로 들어가 (안내판을 읽으며) 서탑92)(유형문화유산) 보기

　(4) 하얀 화강암으로 된 동탑을 보며 문화유산의 시간적

신라 선덕여왕의 명복을 빌던 법당으로 '부인夫人'이란 선덕여왕을 말하는 것이라고 한다.

　원래 이곳은 부처의 힘으로 외침을 막고자 새긴 고려 초조대장경판을 보관하던 곳이었으며, 고려 무신집권에 항거해 일어나 승려들의 본거지이기도 하였으나, 고려 고종 19년(1232) 몽고 침입으로 불타 없어졌다.

　이 절터에는 축대, 초석, 당간지주 등 당시의 석조물이 많이 남아 있고, 주변에는 건물초석, 석탑, 석등들이 흩어져 있다. 이 석조물들은 당시 부인사의 규모를 알려주는 자료이다.

92) '부인사 서탑(대구시 유형문화유산)' 국가유산청 해설 :
　부인사에 서 있는 삼층석탑이다. 부인사는 신라 선덕여왕 때 창건한 사찰로 추정되며, 절이 한창 번성할 때에는 전국에서 유일하게 승려들만의 승시장僧市場이 섰었다는 흥미로운 이야기가 전하고 있다.

　이 탑은 금당터 주변에 쌍탑으로 건립된 2기의 석탑 중 서쪽에 있는 탑으로, 1966년에 복원되었다. 2층 기단基壇 위에 3층의 탑신塔身을 올렸는데 꼭대기의 머리장식은 없어지고 그 받침돌만 남아있다. 기단은 각 면마다 기둥모양을 새기고 윗면에 2단의 괴임을 새겨 윗돌을 받치게 하였다.

　탑신의 각 몸돌은 모서리마다 기둥모양을 새겼고, 지붕돌은 비교적 완만한 경사가 흐르며, 밑면에는 5단의 받침을 두었고, 네 귀퉁이에서 부드럽게 치켜 올라갔다. 통일신라 후기 즈음에 세운 탑으로 추측된다.

가치에 대해 생각

(5) 쌍탑과 종무소 사이 (안내판을 보며) 석등[93](유형문화유산) 보기

(6) 경내로 들어가 명부전 앞 (안내판을 보며) 일명암터 석등[94](문화유산자료) 보기

---

93) '부인사 석등石燈(대구시 유형문화유산, 134쪽에 사진)' 국가유산청 해설 : 부인사 대웅전 앞에 놓여 있는 8각 석등으로, 네모난 바닥돌 위에 3단의 받침을 두어 불을 밝혀두는 화사석火舍石과 지붕돌을 올린 일반적인 모습이다.
받침부분은 가운데기둥을 사이에 두고 아래받침돌에는 엎어놓은 연꽃무늬를, 윗받침돌에는 솟은 연꽃무늬를 대칭적으로 새겨 놓았다. 화사석은 다른 절터에 있던 것을 가져다 복원한 것으로 4면에 창을 두었다. 지붕돌은 처마가 길고 얇으며, 여덟 귀퉁이가 하늘을 향해 들려있다. 꼭대기에는 연꽃무늬가 새겨진 둥근 받침만 남아 있을 뿐 그 위의 머리장식은 모두 없어진 상태이다.
비록 받침의 가운데기둥에 약간의 금이 갔지만 거의 완전한 형태로 남아 있으며, 조각도 섬세하고 부드럽다. 각 부재가 서로 균형과 조화를 이루고 있는 뛰어난 통일신라시대의 작품이다.
94) '부인사 일명암지逸名庵址 석등石燈(대구시 문화유산자료)' 국가유산청 해설 : 부인사 절마당에 놓여 있는 석등으로, 이 절에서 200m 가량 떨어진 일명암이라는 암자터에 쓰러져 있던 것을, 이 곳으로 옮겨 복원해 놓은 것이다.
등불을 밝혀두는 화사석火舍石을 중심으로, 아래에는 4각의 바닥돌과 3단의 받침을 쌓고, 위로는 지붕돌과 머리장식을 얹었는데, 바닥돌을 제외한 각 부분이 8각을 이루고 있다.
아래받침돌과 한돌로 이루어진 바닥돌은 옆면에 안상眼象을 2개씩 옅게 새기고, 아래받침돌은 윗면에 연꽃무늬를 둘러

(7) 범종각 옆에 서서 팔공산 정상(임진왜란 때 백성들이 피란을 갔던 공산성)을 바라보며 전쟁의 문제점, 의병 창의 정신에 대해 생각하기

(7) 숭모전을 둘러보며 선덕여왕 생각하기(음력 3월 15일에 개방하는 숭모전 안 선덕여왕 초상 감상)

몽고군의 방화로 사라진 부인사 대장경

오늘날 부인사를 찾아가면 경내가 두 구역으로 확연하게 나뉘어져 있는 모습을 보게 된다. 부인사 입구인 '부인사 터(대구시 기념물)'[95]와, 현대에 세워진 건물들이

새겼다. 그 위로 가운데기둥을 세워 윗받침돌을 받치도록 하였으며, 윗받침돌은 아래와 대칭되는 연꽃을 조각하여 장식하였다. 화사석은 8각이라기보다 거의 4각에 가까워서 마치 직사각형의 네모서리를 세로로 반듯이 자른 모습이다.

긴 두 변에는 두 개의 창을 내고, 짧은 두 변에는 하나씩의 창을 뚫어 불빛이 퍼져 나오도록 하였는데 다른 석등에서는 좀처럼 보기드문 독특한 양식이다. 지붕돌은 윗면에 부드러운 경사가 흐르고, 처마의 선은 가볍게 곡선을 그리고 있다. 꼭대기에 놓인 머리장식은 후에 새로 만들어 놓은 것이다.

전체적인 기본 구성이나 조각기법 등은 통일신라시대에 흔히 보이는 모습이나, 화사석에서 보이는 특이한 모습은 당시의 양식에서 벗어나 있어 좀더 시대가 내려가는 고려시대 전기의 것으로 추측된다.

95) '터'와 '址' : 일반적으로 '절터'에 가면 안내판에 '寺址'라 쓰여 있다. '황룡사터'를 '황룡사지黃龍寺址'로 표현하는 식이다. 물론 '황룡사지'를 '황룡절터'로 표현하자고 주장하는 것은 아니지만, '황룡사지' 아닌 '황룡사터'로 적어야 하는 것

즐비한 부인사 경내, 그렇게 두 공간이다. '부인사 터'에는 고려 시대 절집이 몽고군에 의해 처참하게 부서지면서 남긴 석재石材들, 1964년에 복원된 서탑(유형문화유산), 통일신라시대 작품인 석등(유형문화유산) 등이 남아 있다.

다른 한 곳은 '(고려 시대) 부인사 터'를 지난 뒤 둘러보게 되는, 말 그대로 (현대의) 부인사 경내이다.

몽고군의 방화로 사라진 부인사에 남아 있는 석재들

은 당연하다. 그래서 필자는 글을 쓸 때 '址' 아닌 '터'를 사용한다. 대구시 기념물의 국가유산청 공식 명칭은 '부인사지'이지만 이 글에서도 '부인사터'로 적는다.

부인사에 문화유산자료 '일명암지逸名菴址 석등'이 있다. 이름名을 잃어버린逸 암菴자 터址에 있던 석등이라는 뜻이다. 이역시 '이름을 잃어버린 암자터에서 발견된 돌로 만들어진 등'이라고까지 풀어서 표기할 수는 없지만 '일명암터 석등' 정도로 나타내는 것은 가능하고, 또 필요하다.

부인사에는 두 가지의 한자 표기가 있다. '夫人寺'와 '符仁寺'이다. 夫를 사용하여 절 이름을 표기한 경우는 958년에 세워진 옥룡사 동진대사 보운비, 1530년의 〈신동국여지승람〉, 1920년대 이후의 〈대구부읍지府邑誌〉에서 볼 수 있고, 符로 나타낸 사례는 1241년의 〈동국이상국집〉, 1382년의 〈진각국사비문〉, 1453년의 〈고려사절요〉, 1454년의 〈고려사〉, 1486년의 〈삼봉집〉에서 확인된다. 夫를 사찰 이름으로 쓴 것은 부인사가 '7세기 중반 선덕여왕에 의해 창건되었다는 설이 유력(부인사 안내판의 표현)'하기 때문이다. 夫人寺의 '부인'을 선덕여왕으로 보는 것이다.

부인사 초조대장경이 몽고군의 방화로 불탔다는 사실은 국사 교과서에 실려 있다. 하지만 사람들은 고교 졸업 이후 그 사건을 까맣게 잊고 지낸다. 2012년, 많은 이들의 기억 속에 부인사를 되살려준 텔레비전 연속극이 방영된다. 고려 무신정권 시대를 담은 〈무신〉이었다.

그보다 전인 2009년에도 부인사를 국민들에게 널리 홍보해준 연속극이 있었다. 〈선덕여왕〉은 우리나라 최초의 여왕 선덕이 창건한 것으로 전해지는 부인사로 많은 방문객들을 보내주었다. 대구시 동구 팔공산로 967-28에 있는 부인사는 선덕여왕의 원당願堂(소원을 빌기 위해 세운 절)답게, 여승들이 수행을 하면서 절을 이끌어가고 있는 비구니比丘尼사찰이다.

선덕묘

음력 3월 보름날에만 얼굴을 보여주는 선덕여왕

부인사에 가면 지금도 여왕을 제사 지내는 '선덕묘[96] 善德廟(현재 이름은 숭모전)'가 있다. 사찰에서 고승이 아닌 속인(선덕여왕)을 매년 음력 3월 보름마다 꼬박꼬박 제사 지내는 경우는 예삿일이 아니다. 부인사를 방문한 답사자들은 선덕묘에 걸려 있는 여왕의 초상이 보고 싶다. 하지만 음력 3월 15일이 아니면 여왕은 일반인들에게 모습을 드러내지 않는다.

---

96) 선덕묘善德廟의 묘廟는 제사 공간을 의미한다. 이는 종묘宗廟가 나라 대표 제사 공간인 것을 보면 가늠할 수 있다. 선덕묘에 비해 숭모전崇慕殿은 우러러 그리워하는 집이라는 평범한 이름이다.

대장경과 선덕여왕 말고도 부인사에는 뜻깊은 역사 한 가지가 더 서려 있다. 결론을 먼저 말하자면, 텔레비전 연속극이 한 편 더 제작되어야겠다. 1592년 임진왜란 초기부터 의병소義兵所(의병 지휘부)가 설치되었던 부인사는 일본군이 남해안으로 철수한 뒤인 1594년까지 줄곧 대구 의병 총본부로 사용되었다. 이만한 정신사 유적이면 한 편의 연속극을 찍기에 충분한 곳 아닌가.

왜란 발발 열하루 만에 팔공산까지 들이닥친 일본군

5월 23일 부산포에 진입한 일본군은 며칠도 지나지 않은 5월 31일 팔조령(대구와 경북 청도군 경계의 고개)을 넘어 대구의 남쪽 마을인 파잠(대구 수성구 파동)에 들이닥쳤다. 적들은 이내 대구읍성과 대구향교 등을 점령했고, 6월 2일에는 무태(대구 서변동) 뒷산 도덕봉을 넘어 팔공산 중턱 파계사까지 몰려 왔다. 파계사는 부인사 바로 아래에 있다. 아래는 서사원의 〈낙재일기〉 1592년 7월 7일자 내용 중 일부이다.

저녁에 부인사로 가서 (경산) 자인 손생원, 이승종, 청도 박경선 등의 통문通文(알리는 글)을 보았는데, 자못 적을 토벌하려는 적개敵愾(적을 향한 분노)한 기상이 있었으니 사람으로 하여금 찬복贊服(찬성하고 따름)을 그치지 않게 하였다. 우리 고을은 비록 거대한 도호부이지만 한 사람도 창의하지 못했으니 개탄과 부끄러움을 견딜 수 없었다.

일기는 세 가지를 말해준다. 첫째, 경산과 청도 지역에서 창의한 의병장들이 부인사로 글을 보내왔다는 점이다. 이는, 대구 둘레에 있는 경산, 청도 등지의 인사들이 부인사를 대구 일원 선비들의 왜란 대책 논의 장소로 진작부터 인지하고 있었다는 사실을 증언한다.

임진왜란 내내 대구 의병들의 총본부였던 부인사

둘째, 서사원이 저녁에 부인사로 간 일 또한 그곳이 대구 선비들의 왜란 대책 논의 장소였다는 점을 말해준다. 당일 일기를 보면 서사원은 낮에 '대가大駕(임금의 가마)가 나간 이후의 일변日邊(임금 주변) 소식을 들었다.' 선조가 서울을 떠난 뒤 지금 처해 있는 상황에 대해 누군가로부터 들었던 것이다.

당시 대구부사의 거처였던 동화사에서 들었을 가능성이 높지만 확실하지는 않고, 부인사가 아닌 것은 분명하다. 다만 왕의 현황과 같은 중요 소식을 들은 서사원이 (다른 곳 아닌) 부인사로 간 것은 그곳이 유력 인사들의 회동 장소였기 때문이라는 추정은 충분히 가능하다.

셋째, 서사원은 '거대한 도호부巨府'

부인사 석등

인 '우리 고을吾邑' 대구에 아직도 의병을 일으킨 사람이 아무도 없다는 점을 개탄하고 부끄러워했다. 그러나 이 감정을 서사원 혼자만의 것으로 해석할 일은 아니다. 비록 그가 가장 먼저 그러한 개탄과 수치를 느꼈다 하더라도 부인사에서 만난 여러 선비들에게 그 마음을 토로했을 것이며, 다른 선비들 역시 마찬가지의 생각을 가졌고, 또 밝혔을 터이기 때문이다. 즉, 부인사는 왜란에 어떻게 대응할 것인가 하는 현안을 놓고 대구 선비들이 고민을 거듭한 공적 논의 공간이었음에 틀림없다.

7월 7일 부인사에서 회동한 대구 선비들은 이미 지난 5월에 임금으로부터 의병을 일으키라는 교서를 받은 처지였다(〈낙재일기〉에는 날짜 없이 '4월(음력) 일 임금의 교서가 왔다四月日有旨'라고 기록되어 있다). 또 곽재우, 김면, 우배선, 장몽기, 정인홍, 조성 등 대구 외곽에서 분연히 일어선 의병장들의 창의 소식과 활약상에 대해서도 잘 알고 있었다.

이주의 〈태암집〉에 '(정사철이) 아들 정광천을 팔공산에 보내어 서사원, 이주, 채응홍, 서행원, 이상문, 은복홍 등과 창의를 논의하게' 한 날짜가 7월 9일로 기록되어 있는 것도 같은 해석을 가능하게 한다. 당시 대구 지역 유림의 최고 지도자였던 63세 정사철이 7월 7일보다 불과 이틀 뒤인 7월 9일에 그같은 조치를 취한 것은 '7월

7일 부인사 회동'에서 창의 문제가 구체적으로 논의되었다는 사실을 짐작하게 해준다는 뜻이다.

그런 점에서 구본욱 논문 〈대구 유림의 임진란 창의와 팔공산 회맹〉은 〈태암집〉의 기술을 근거로 '팔공산으로 피란을 온 대구 지역의 인사들은 7월 7일에 이르러 팔공산 부인사에서 회합하여 창의를 발의하였다'고 규정한다. 7월 7일의 의의를 구본욱은 다음과 같이 정리한다.

대구 지역의 의병은 다른 지역과 달리 개별적인 의병 활동보다는 대구의 전 지역에 의병을 조직하려고 하였다. 그래서 향회鄕會(대구 유림 총회의 의미)를 개최하여 공산의 진군公山義陳軍(팔공산에 본부를 둔 대구 의병 총군)을 결성하게 되었다. 이러한 것을 가능하게 하였던 원동력은 임진란 이전에 연경서원 등의 강학을 통하여 형성된 인재들의 존재였다.

대구 선비들, 7월 7일 창의 결의

구본욱의 논문에 정리된 바를 따르면, 대구 지역의 대규모 창의 준비는 7월 7일 이후 계속된다. 7월 10일 서사원, 정광천, 서행원, 이주, 은복흥 등은 동화사에 머물고 있는 대구부사 윤현을 만나 창의 문제를 논의한다. 이들은

부인사 부도

그 후 곽재겸, 손처눌, 전길, 이상문, 채몽연 등과도 의병을 일으킬 방안에 대해 의견을 교환한다.

7월 22일에는 서사원, 류요신, 서사술 등이 팔공산 정상 공산성에 많은 피난민들이 올라와 있는 광경을 살펴본다. 그리고 7월 30일, 8월 4일, 8월 5일에도 많은 선비들은 동화사에 모여 의병 창의를 논의한다. 동화사에서 회의를 가졌다는 것은 이때 대구부사도 이 논의에 줄곧 참여하고 있었다는 사실을 짐작하게 해준다.

그 사이 7월 30일에는 김면의 의병 격문이 부인사에 도착했고, 곽준, 문위, 이승이 연명으로 작성한 통문도 왔다. 8월 3일에는 경상도관찰사 김수가 보낸 관문關文(공문)도 왔다. 이윽고 8월 7일 서사문이 의병 창의를 외치는 격문 '초집향병통문招集鄕兵通文' 초안을 작성했고, 그 이튿날 초안을 팔공산 주변의 유력 가문에 회람시켰다. 초안을 유력 선비들에게 두루 읽힌 것은 '중지를 모아 결속력을 높이려는 의도'로 해석된다(우인수 논문 〈대구 지역 임란 의병의 성격과 선비 정신〉).

마침내 8월 12일, 부인사에서 향회가 열렸다. 이날 격문과 '향병 입약鄕兵立約(의병 참가자들이 지켜야 할 규칙)'을 확정짓고, 의병장을 비롯한 참모진 구성에 대한 인선을 했다. 선비들은 대구 지역 전체 의병을 이끌 향병대장鄕兵大將(의병대장)으로 정사철을 선임하는 등 모두 49명을 주요 직책에 배치했다(대구의 의병대장은 의병장들이 남긴 문집에 '향병대장'으로 나온다. 우인수는 '당시 상당 지역의 의병들은 스스로를 의병으로 자칭하는 것이 외람되다고 생각하여 향병으로 자칭했다'고 보았다)97).

97) 자율성이 돋보인 대구 의병대장 선임
부인사의 대구 의병소가 향병대장으로 정사철을 선임하는 등 의병 조직을 어느 정도 마무리한 뒤인 8월 30일 경상도초유사 김성일의 공문이 도착한다. 대구가장大丘假將(임금의 결재를 받기 이전에 초유사가 임시로 임명한 대구 의병대장)에 최계, 소모관召募官(의병 모집 책임관)에 서사원과 정사철, 유사有司(실무 책임관)에 박충후, 류요신, 채선행, 정여강, 이주를 임명한다는 내용이었다.
최계는 1591년 무과에 급제한 26세의 젊은 장수였다. 우인수는 '의병장은 군대를 직접 이끌고 앞장서서 싸워야 하는 자리여서 (김성일이) 무과 출신의 용력이 있는 사람을 임명한 듯하다'고 본다.
또 '소모관과 유사는 대구 지역의 명망있는 가문의 인사들로서 대구 지역 사족들을 모두 아우르는 차원에서 진용을 짠 듯하다. 초유사 김성일의 고심의 흔적이 보이는 부분'이라고 해석한다. 김성일이 보내온 공문의 인선은 〈정만록〉에 실려 있는 그 자신의 장계 중 '신(김성일)이 각 읍에 통문하여 그 자제들 중에서 유식한 자를 가려서 소모관으로 삼고, 무관들 중에서 가장으로 삼으라고 하였삽더니(하략)'라는 대목과 일치한다는 것이다.
'그러나 이 문서가 도착했을 때는 이미 대구부의 의병진이 자체적으로 완성되어 일이 상당히 진행되던 상황이었기 때문에 초유사의 지시를 그대로 따르기가 어려웠다. 이에 (부인사 의병소에서는) 초유사에게는 9월 9일 양해를 구하는 답서를 보내 상황을 설명한 듯하다.' (〈낙재일기〉 9월 9일자에 '답장을 써서 초유사에게 올렸다'는 대목이 나온다.) '김성일도 대구 지역에서 자율적인 향회를 통해 인선을 끝낸 의병진에 대해

하지만 63세 고령이었던 정사철이 병으로 직책을 수행할 수 없어 스스로 사양하자 8월 24일 서사원이 후임자로 정해졌다.

당일 일기에 '(선비들이) 보잘 것 없는 나에게 정상사 鄭上舍(정사철)를 대신하라'고 하였으므로 '사양하였지만 부득이 (향병대장을) 맡았다'라고 기록했던 서사원은 왼팔 마비 현상이 나타나는 등 만신창이였지만 승중손承重孫(아버지를 여읜 뒤 조부모의 타계를 맞이한 손자)으로서 할머니의 장례를 치르게 되는 8월 29일까지 향병대장으로 활동했다.

조부모, 부모 별세로 연이어 의병대장 사임

서사원의 뒤를 이어서는 손처눌이 1593년 2월(음력) 부친상을 당할 때까지 향병대장을 맡았다. 손처눌은 '대구 향병의 창의가 일어날 당시 수성현 지역 의병장으로 임명될 정도의 위상을 가지고 있었으며, 더욱이 의병 초집 활동과 관련하여 매우 성의있는 태도와 적극적인 자세를 견지함으로써 서사원과 의기투합

손처눌을 모시는 청호서원
(대구 황금동 269)

이런저런 다른 말을 할 필요가 전혀 없었을 것이고, 오히려 무척 다행스럽게 생각하였을 것이다.'

한 바 있던 인물'이었고, '그 이전부터 서사원과는 학문적으로 대구 지역을 대표하던 존재로서의 위상을 가지고 있었기 때문에 서사원에 이어 의병장으로 추대될 수 있었다.(우인수 논문)'

손처눌의 뒤를 이어서는 이주가 1595년 2월(음력) 모친상을 당할 때까지 직무를 수행했다. 이주가 자신의 〈태암집〉에 남긴 '내가 본래 재주가 없는데 홀로 여러 일을 거느리자니 "사람은 가벼운데 책임은 무겁다"는 탄식을 감당할 수 없다'라는 소감은 '임진란 당시의 어려웠던 상황과 그의 고뇌를 엿볼 수 있게 해준다.(구본욱 논문)'

결과적으로 대구는 의병 창의가 매우 늦었다. 그 까닭에 대해서는 〈경산 시지〉의 '경산, 하양, 자인 지역은 여타 지역에 비해 비교적 빨리 의병 활동을 전개했다. 이는 대구, 경주 등지가 적에 의해 장악되어 의병 활동이 여의치 않았던 것과 달리 이 지역은 적이 약탈을 자행하기는 했으나 주둔하지 않아 의병 모집이 상대적으로 쉬웠기 때문'이라는 기술이 참고할 만하다. 또 최효식 논문 〈임란기 경상좌도의 의병 항쟁〉에도 '왜적의 주력 부대가 이곳을 통과하였고, 후방

이주를 모시는 서계서원
(대구 서변동 881)

보급로로 많은 군대를 주둔시켰기 때문'으로 분석되어 있다.

구본욱과 우인수의 견해도 이들과 일치한다. 구본욱은 논문 〈임진란 이후 대구 지역의 전후 복구와 사회 재건〉에서 '대구 지역에서 의병의 결성이 늦어진 이유는 부내府內(대구 시내)가 일찍이 왜적들에게 점령을 당하여 서로 교통을 할 수 없었기 때문'이라고 진단한다. 우인수도 '일찍 의병이 일어난 지역보다는 다소 늦은 감이 있지만 지역마다 여건이나 처지가 달랐기 때문에 창의 날짜만 놓고 단순 비교할 수 없는 면이 있다. 대구는 주통로상에서 침략을 혹심하게 받았을 뿐만 아니라 점령 상태가 지속되고 있는 지역이었다'라고 설명한다.

존재하는 것만으로도 의병은 큰 의의가 있었다

그러면서도 우인수는 '구심점이 되는 수령(대구부사)이 군사를 거느리고 관내에 건재해 있는 상황이었음을 충분히 감안한 상태에서 (대구 지역의 의병 창의가 늦은 사정을) 이해해야 마땅하다'고 지적한다. 다른 지역들은 수령이 도망가고 없고 관군도 해산한 지경이었지만 대구는 관군이 건재하고 부사가 지역 유력 인사들과 팔공산에 함께 있었으므로 자연스레 창의가 늦어질 수밖에 없었다는 해석이다.

우인수 논문의 마지막 결론을 읽는다. '대구 의병의

전공이 혁혁하지는 않았지만 의병의 존재 자체만으로도 일본군을 견제하는 효과는 충분하였다. (중략) 관민이 협력 체제를 구축하여 대구 지역을 떠나지 않고 머물면서 부민(시민)의 생명과 재산을 보호한 것은 높이 평가받아야 할 것이다.'

구본욱의 〈대구 유림의 임진란 창의와 팔공산 회맹〉도 대구 선비들의 부인사 창의가 가지는 의의를 두고 '공산의진군은 부인사에 의병을 두고 동화사의 관군과 유기적인 연락을 취하면서 조직적으로 활동하였다. 그래서 정유년(1597) 이전에는 왜적들이 팔공산 안으로는 침입하지 못하였다'라고 평가한다. 팔공산 골짜기와 정상 공산성으로 몰려들었던 대구 부민들이 부인사에 본부를 둔 공산의진군의 활약에 힘입어 무사하였다는 것이다.

공산의진군의 존재와 의의에 대해 알고 난 뒤 다시 보면, 선덕여왕과 대장경에 이어 임진왜란과 관련해서도 부인사는 꼭 찾아보아야 할 중요 유적지라는 사실이 실감난다. 부인사 대웅전 지붕 위로 아스라이 보이는 팔공산 정상도 지금껏 무심히 관상해 오던 것과 다르게 느껴져, 아련하게 흘러가는 하얀 구름마저 된바람 휘몰아치는 한겨울을 그곳에서 사뭇 떨며 지냈던 조선 백성들의 창백한 얼굴빛으로 느껴진다.

다시 부인사를 찾으며

대구가 국가 전체의 두드러진 중요 지역이 될 뻔한 적이 있었다. 신라가 통일을 완성한 직후인 689년(신문왕 9) 일이다. 신문왕은 서울을 경주에서 대구로 옮기려 했다. 그러나 천도는 실현되지 못했고, 그 이후 대구는 그저그런 일개 지방으로 줄곧 남고 말았다.

고려시대 들어 대구는 신라 때보다도 오히려 못한 사정에 내몰렸다. 내내 민란과 혼란 등 전란의 소용돌이에 휘말려 대구사람들은 끝없이 어렵게 살았다. 1193년(명종 23) 김사미와 효심이 운문(청도)와 초전(성주)에서 각각 일으킨 민란과, 1202년(신종 5) 경주 벌초군과 영천 군민이 사사로운 싸움을 벌였을 때, 그리고 13세기 중엽인 고종 때 경상도까지 들이닥친 외란의 불더미 속에서 대구사람들은 무수히 죽고 다쳤다. 뿐만 아니라 우왕 원년인 1375년, 그리고 1382년, 1383년 세 차례에 걸쳐 왜구로부터도 살육과 노략질의 고통을 당했다.

1193년 민란과 1202년 난리 때 부인사와 동화사 승려들이 운문의 반군을 도와 관군과 싸웠다는 사실은 별로 알려지지 않았다[98]. 이규보가 반란 세력 소탕에 나선 관

---

98) 이 무렵 사찰에는 수원승도隨院僧徒라는 이름의 승병이

군을 따라 대구에 왔다가 팔공산 신령에게 반도 토벌을 기원하여 '제공산대왕문祭公山大王文'과 '헌마공산대왕문獻馬公山大王文' 등을 지은 것은 대구가 반란군의 중심 지역이었음을 증언한다. 그만큼 대구사람들의 삶이 고단하고 피폐했음을 말해주는 기록이다.

1232년(고종 19) 제2차 몽고의 침략 때 부인사의 초조대장경 판본이 남김없이 불에 타 없어져 버렸다. 거란의 침략을 막으려는 호국 불교의 기원 아래 현종 초인 1011년부터 판을 짜기 시작해 1078년 문종 때에 이르러서야 완성된 부인사 초조대장경은 해인사 팔만대장경보다 200년이나 앞서 만들어진 세계적 문화유산이지만, 몽고군의 방화와 침탈 앞에서 허망하게 전소되고 말았다. 지금의

있었다. 수원승도 집단은 고려 초기부터 국가의 존속하면서 국가 통제를 따랐는데, 소속 사찰의 필요에 따라 군사적 기능도 보유했다. 후백제 세력권에 들어 있던 동화사에도 수원승도들이 존재했을 개연성은 충분하다. 이들은 왕건이 이끄는 고려 정예군이 경주로 진격한 견훤군과 맞서기 위해 팔공산 아래까지 달려왔을 때 고려군의 깃발을 보고는 적수가 되지 못한다는 사실을 인식한 후 스스로 흩어졌을 것이다. 《삼국사기》〈견훤전〉에 왕건 군대가 공산에 닿았을 때 동수桐藪 병력이 고려군 깃발을 보고 뿔뿔이 흩어졌다(桐藪望旗而潰散동수망기이궤산)는 표현이 있는데, 이때 고려 정예군을 보고 놀라 흩어진 군사들은 동화사 소속 수원승도였을 가능성이 있다. "이들은 반고려적인, 즉 후백제 지지 입장"이었으므로 "신라를 구원하기 위해 달려온 고려군이 후백제의 정규군과 조우하기에 앞서 인적 물적 소모는 물론 시간적 낭비까지 초래하였을 가능성마저 있는(《대구시사》 294쪽)"듯하다.

눈으로 보면 세계적 문화유산이 외침으로 불에 타버린 안타까운 일이지만, 호국불교를 숭상하던 당시 사람들로서는 정신적 충격이 막심하였을 것이다.

서탑만 남은 부인사. 멀리 보이는 동탑은 근래 다시 쌓은 것이다.

경상도 지역은 몽고의 제6차 침략 때 가장 대대적이고 본격적인 침략을 당하였다. <고려사>를 인용한 <대구시사>에 따르면 '백성의 세勢가 궁하여 사자死者는 해골을 묻지 못하며, 생자生者는 노예가 되어 부자가 서로 의지하지 못하고, 처자가 서로 의지하지 못하'였고, '산성과 해도海島에 입보入保한 자들을 모두 출륙出陸케 할 때 공산성에 입보한 백성들이 굶어죽은 자가 매우 많았다.'

그런가 하면, 대구직할시 편 <대구의 향기>는 5차 침입 때에도 팔공산 주봉에 위치한 '공산성으로 피난을 갔던 백성들은 굶어죽은 자가 심히 많아서 늙은이와 어린이(의 시체)가 골짜기를 메웠으며, 심지어는 아이를 나무에 붙잡아 매달아 두고 가는 자도 있었다'라고 말한다.

고려 초기, 왕건이 견훤과 일전을 겨루다가 대패하여 도주하면서99) 팔공산, 왕산, 평광동, 불로동, 반야월, 앞

---

99) 927년 후백제 견훤이 신라를 공격한다. 신라 경애왕은

산 일대에 남긴 '왕건의 길'을 제외하면 대구에는 고려시대의 유적이 별로 없다. 하지만 곰곰 따져보면 왕건이 전쟁에서 져서 유적을 남긴 것에서 교훈을 얻을 수도 있다는 생각이 든다. 부인사가 바로 그곳이다. 부인사에 보관되어 있던 초조대장경이 '사라졌다'는 사실에 뜨거운 관심을 기울여보자는 말이다.

부인사는 신라 선덕여왕 때 창건된 절로 알려진다. 선덕여왕은 의자왕의 공격을 당해 대야성(합천)을 빼앗기는 등 나라가 곤경에 처하자 팔공산에 들어 불공을 드렸는데, 기도 중에 도인이 나타나 지금의 부인사 자리에 사찰을 건립해 국난을 극복하고 통일대업을 완수하라고 가르쳐 주었다.100) 지금도 부인사에는 선덕여왕의 초상

고려 태조 왕건에게 구원병을 요청한다. 왕건은 신라를 지원하기 위해 직접 5천 군병을 이끌고 출정한다. 하지만 이미 견훤은 경주 궁성까지 진입해 경애왕을 죽인 후 후백제로 귀환하는 중이었다. 양국 군대는 팔공산 아래에서 마주친다.

100) 한국학중앙연구원 《향토문화전자대전》은 "부인사는 개창 시기나 연혁은 잘 알려져 있지 않지만, 부인사 연기설화 緣起說話에 의하면 여왕(632~647년 재위, 이하 괄호 안 작은 글씨는 인용자 주)이 친히 신라의 오악五岳(중악 팔공산, 동악 토함산, 서악 계룡산, 남악 지리산, 북악 태백산) 중에서 중악인 팔공산에 와서 기도하니 도인이 나타나 이곳에 절을 지어 국난을 물리치고 통일의 대업을 이루라 했다. 이에 황룡사 9층 목탑을 건립하고 이듬해 부인사를 창건하였다고도 한다(황룡사는 진흥왕 14년인 553년에 시작해 17년 만인 569년에 완공되고, 9층 목탑은 선덕여왕 12년인 643년에 착공해 2년 뒤인 645년에 완성된 것으로 추정). 또 옛날부터 선덕묘라는 사당이 있었던 것으

을 모셔놓고 제사를 드리는 선덕묘善德廟가 있다.

　선덕여왕은 이 절에서 어머니 마야부인101)의 명복을 빌었고, 사찰 이름에 왕비를 지칭하는 부인夫人이 들어 있는 것도 그 때문이다. 그러나 선덕묘는 지금 이름도 숭모전으로 바뀌었고, 건물도 신라시대의 것이 아니다. 부인사는 한때 39동의 부속암자에 2천여 명의 승려가 수

로 보아 신라 선덕여왕 때 창건된 사찰로 추정하기도 한다. 한편 (1879~1960년 생존한 동국대 초대총장 권상노 대종사의) 《퇴경당전서退耕堂全書》에는 신라 헌덕왕(809~826년 재위) 때 창건되었다고 하였다. 불교가 번창하였던 신라와 고려시대 한때는 80여 동의 건물과 39개 암자를 거느리고 약 2,000명 승려가 수도하는 대찰이었다고 한다"라고 소개한다.

　101) 불교에 '전륜성왕轉輪聖王'이 있다. 전륜성왕은 수레바퀴轉輪 모양의 신비로운 보배를 굴리면서 세상을 교화하는 이상적인 왕이다. 당연히 전륜성왕은 무력이 아니라 바른 법으로 세계를 정복하고 지배한다. '고구려의 광개토대왕' 진흥왕은 자신을 전륜성왕과 동일시했던 듯하다. 불심이 매우 돈독했던 진흥왕은 말년에 머리를 깎고 승복을 입은 채 생활했다. 황후도 비구니가 되어 영흥사永興寺에 머물렀다고 한다. 그런 만큼 전륜성왕 중 최고의 왕인 철륜왕을 자기 본인으로 간주한 진흥왕은 태자의 이름을 그 다음 전륜성왕인 동륜왕에서 따 '동륜'이라 붙였다. 동륜이 일찍 죽고 손자가 차차기 임금이 되었는데 그가 진평왕이다. 진평왕의 이름은 백정伯淨으로, 백정은 석가모니의 아버지 이름이다. 진평왕의 동생은 백반·국반으로 석가모니 삼촌의 이름이다. 진평왕은 뒷날 선덕여왕이 되는 공주에게 석가모니 누이의 이름 덕만을 붙여주었다. 하지만 진평왕은 아들을 얻지 못했으니, 신라에 석가모니는 출현하지 못했다. 이름으로 보면 신라 성골은 이 땅에 불국佛國을 건설하고자 했던 것이 분명하다.

도하였던 신라시대 거대 고찰이지만 외란 때 모두 불에 타버리는 바람에 이제는 웅대한 역사성도 고색창연한 풍모도 모두 잃어버린 채 현대판 절로 잔존하고 있다.

부인사에는 '없지만 있는' 것이 있다. 판본은 눈에 보이지 않지만 초조대장경이 외적의 침략에 시달리면서 불에 타 없어지는 그 참담한 역사만은 남아 있다. 우리는 부인사에 가서 없어진 것의 소중함을 깨닫는 정신, 소중한 것을 다시는 잃지 않겠다는 마음을 되찾아야 한다. 없어졌다고, 눈에 보이지 않는다고 우리 스스로까지 겨레의 역사유적과 문화유산을 찾지 않는다면, 누가 있어 면면히 내려져오는 민족정기의 끈기를 이어갈 수 있을 것인가.

부인사에 가서 초조대장경이 전소되는 참상, 몽고군이 절에 불을 지르는 장면을 상상해보자. 석등 하나만 남기고, 쌍탑 가운데에서도 서탑만 간신히 남고 동탑은 처참하게 파괴당하는 광경을 떠올려 보자. 아니, 누군가가 그것을 생생하게 재현하여 찾아오는 이들에게 보여주면 더욱 좋으리라. 부인사에 초조대장경은 없지만 그것을 만들어내었던 우리 민족의 위대한 문화정신은 여전히 팔공산 서봉 위를 맴돌고 있다.

'갓바위 부처'를 관리하는 선본사
붕어빵에 붕어 없다더니, 절에 탑이 없다?

'한 가지 소원은 꼭 들어준다'고 알려진 팔공산 '갓[冠]바위부처'는 선본사 소속이다. 선본사는 팔공산 관봉冠峰 아래에 있다(경북 경산시 와촌면 대한리 587번지). 갓바위 오르는 등산로 입구에서 바로 오른쪽에 있다.

그런데 갓바위에 올라갔다가 내려온 답사자들 중에는 선본사의 삼층석탑을 아니 보고 돌아가는 이들이 대부분이다. 경상북도 유형문화유산인 이 석탑은 선본사가 신라 고찰이라는 사실을 증언하는 뜻 깊은 유물인데도 외면 받고 있다. 왜 그럴까?

이론의 여지없이, 너무나 유명한 '경산 팔공산 관봉 석조여래좌상(속칭 "갓바위")'의 위세에 짓눌린 탓이다. 경주의 효현리 석탑(법흥왕릉 인근), 선도산 석탑(서악고분군 뒤 진흥왕릉 인근) 등 국가 지정 '보물'들이 다보탑, 석가탑 등에 밀려 격에 어울리는 대우를 받지 못하고 있는 것과 같은 이치이다.

하지만 그것만으로는 선본사 삼층석탑의 '소외'를 제

대로 설명했다고 할 수 없다. 좀 더 현실적인 까닭을 알려면 선본사 극락전 앞에 서 보아야 한다. 탑은 사찰의 본당 앞뜰 가운데에 혼자 서 있거나, 아니면 동서로 쌍탑을 이루고 있는 게 보통이다. 그런데 선본사에는 일탑도 쌍탑도 보이지 않는다. 이게 어찌 된 일인가?

사찰 경내를 뱅뱅 돌아본다. 한눈에 전체를 다 살펴볼 수 있는 극락전 앞뜰이야 말할 것도 없고, 극락전, 산신각, 요사채 그리고

탑이 보이지 않는 선본사 뜰

종무소의 앞뒤좌우까지 모두 뒤진다. 혹시 경주 나원리 국보탑처럼 법당 뒤에 탑이 있는 게 아닐까 싶어서다. 그러나 탑은 여전히 없다.

마음이 답답해진다. 탑을 보러 선본사에 왔는데 이건 숫제 '붕어빵에는 붕어가 없다' 꼴 아닌가. 분명히 극락전 앞 안내판에도 "경상북도 유형문화유산인 삼층석탑은 무너져 있던 석탑의 부재를 모아 1979년에 복원해 놓았다. 이 외에 석조대좌와 석등 하대석下台石[102]과 간주석竿柱石[103]이 2기씩 남아 있다. 이들 문화재는 선본사의

---

102) 석등의 가장 아랫부분. 지면과 맞닿아 있는 부재로서 상부로부터 내려온 하중을 지면에 분산시키는 역할을 한다.

연혁을 알려주는 중요한 문화재로서 모두 신라 후기의 작품으로 추정된다"라고 명기되어 있는데, 그렇다면 누가 탑을 훔쳐가기라도 했단 말인가.

그 무거운 탑을 누가 어떻게 가져갈까? 그러나 실제로 있는 상황이다. 경상북도 상주시 사벌면 목가리 소재 삼층미륵탑(고려 초기 작품)은 2007년 11월 30일에서 12월 4일 사이 감쪽같이 사라졌다. 탑을 해체해서 훔쳐가는 사례가 종종 있다는 말이다. 따라서 선본사 탑이 지금 안 보이는 것 역시 절도범 탓일는지도 모른다.

그렇다고 그냥 절을 나올 수는 없다. 종무소에 물으니, 종무소 직원이 손가락을 들어 하늘을 가리킨다.

"저어기 계곡 건너 높은 숲속에, 보이지요? 종루 계단 바로 아래에서 계곡을 건넌 다음 올라가면 됩니다. 물길 공사 하느라 전에 있던 다리가 없어졌으니 조심하세요."

아! 보인다. 탑이 보인다. 극락전 앞에 올라와서 보니 더욱 뚜렷하게 보인다. 올라가자! 방금 850m 갓바위에 올랐다가 내려온 길이라 조금 피곤하기는 하지만, 그냥 물러설 수는 없다. 편하게 볼 수 있는 것만 대충 보고 지나치는 단순 관광객이 아니라 '역사 유적과 문화유산 답사자' 아닌가.

계곡을 건넜지만 길이 없다. 조금 전까지는 탑이 없었는데 지금은 길이 없다. 잠시 주변을 살펴본다. 극락전

---

103) 불상 대좌나 부도의 기단에서 중대석 부분

에서 쳐다보았을 때 가늠해둔 탑의 위치와 지금 내가 서 있는 곳 사이를 잇는 직선을 상상해본다. 그리고는 머릿속의 직선을 따라 낙엽을 밟으며 산을 오른다.

나무를 부여잡고, 가끔은 땅을 짚어가며 허리를 굽힌 채 오르막을 오른다. '기다시피'라면 좀 과장이겠지만 나의 두 눈은 내내 50㎝ 정도 아래의 낙엽만 보고 있다.

겨우 10분가량 올랐는데 금세 땀이 난다. 운동은 1주 3회 이상, 1회 30분 이상, 땀이 날 때까지 움직여야 효과가 있다던데 지금은 너무 빨리 땀이 난다. 비탈진 오르막을 끙끙댄 탓이다. 어쨌든 산을 다니며 역사유적과 문화유산을 답사할 때 발생하는 일석이조의 수확, 즉 운동효과가 나타나고 있으니 기분이 좋다.

탑 뒤 저 아래로 선본사가 보이는 풍경

그런데 그때, 눈앞에 '불쑥' 탑이 나타났다. 끙끙대며 올라오는 동안에는 손톱만큼도 정체를 보여주지 않던 탑이 땅 속에서 막 솟구치는 듯 눈에 들어왔다. '유형문화유산으로 지정되어 있지만 보물로 승격되어도 전혀 모자람이 없을 것 같다'는 첫인상을 안겨주는 깔끔한 탑이다. 경주에서 본 효현리 석탑과 서악동 석탑에 견줘 그 아름다움과 무게감은 결코 모자람이 없다.

탑 앞에 서니 무엇보다도 그 위치가 놀랍다. 그리 멀지 않은 선본사가 아득하게 내려다보인다. 앞을 가리는 나무 한 그루 없다. 이렇게 맑은 전경의 사찰을 보기란 그리 쉽지 않다. 어째서 신라인들이 이곳에 탑을 세웠는지는 알 길이 없지만, 선본사를 왜 저곳에 건립했는지는 저절로 헤아려진다.

탑은 본래 불교에서 절보다 먼저 세워지는 기도의 대상이다(86쪽 각주 '탑이 먼저냐, 법당이 먼저냐' 참조). 즉, 이곳의 탑이 저곳의 선본사보다 앞서 건립되었는 말이다. 그러나 뒷날 법당을 지으려고 했을 때는 터가 경사진데다 너무 좁았다. 신라인들은 탑 앞에 서서 직선으로 바라보이는 곳에 법당을 건축했을 것이다. 조금 전 극락전 앞에서 볼 때 시야를 가리는 방해물 없이 이 탑이 정확하게 눈에 들어오던 것이 생각난다.

당연히 선본사에는 탑을 세울 이유가 없다. 탑은 이곳에, 법당은 저곳에 순차적으로 세웠으니 이윽고 완전한 사찰이 되었다. 구태여 새 탑을 건립해놓고 번잡을 떠는 행위는 속세의 논리다. 절에는 탑 하나가 뜰 가운데에 있거나, 아니면 동서로 쌍탑이 있으면 되는 법, 본당 앞에 무슨 탑을 남북으로, 그것도 수백 미터 떨어지게 병설한단 말인가.

　탑 앞 그늘에 앉아 선본사 본당 위로 펼쳐져 있는 아름다운 가을을 본다. 혼자 앉아 있으니 너무나 마음이 고요하다. 이곳에서 지금의 선본사 자리를 내려다보며 '저기가 금당을 지을 만한 자리'라며 정겹게 대화를 나누었을 신라사람들도 꼭 지금의 나처럼 마음이 편안했으리라.

"갓바위"
세계 유일의 산꼭대기 갓 쓴 돌부처

갓바위에 오르는 길은, 팔공산 종주를 하는 이들을 제외하면, 보통 두 갈래이다. 하나는 대구 방면에서, 다른 하나는 은해사 가다가 팔공산 뒤편으로 꺾어 들어가 선본사 앞에서 오르는 길이다. 대구 방면에서 오르는 길은 가파르고 1시간 정도 소요되며, 선본사 앞에서 오르는 길은 대체로 평탄하고 시간도 대구 방면에 비해 절반만 들이면 충분하다. 대구 아닌 외지에서 와서 갓바위를 들른 뒤 다른 방문지에 또 가야 하는 경우에는 선본사 쪽에서 오르는 것이 좋다.

동화사, 파계사, 부인사, 용연사, 유가사, 소재사 등등 대구에 산재하는 대부분의 고찰들은 모두 신라 때 창건됐다고 전한다. 그러나 그 어느 절도 본래의 건물을 유지하고 있는 곳은 없다. 부인사에 보관 중이던 대장경이

1232년 몽고병의 2차 침략 때 방화로 불에 타버리는 등 전란 탓이기도 하지만, 근본적으로는 그들이 모두 목조 건물인 까닭에 소멸은 피할 수 없는 결과였다. 신라 고찰이 온전히 남아 있지 못한 것은 대구만의 사정이 아니니, 그것을 다른 지역에 견줘 유난히 안타까워 할 수는 없다는 말이다.

신라가 대구 지역에 남긴 '보물'들은 모두 팔공산 안에 있다고 해도 지나친 말이 아니다. 저수지 조성 내용을 기록한 비석 무술명오작비가 신라시대 유물로 경북대박물관에 보관되어 있지만, 그 정도로는 팔공산의 여느 사찰 한 곳과도 견줄 바가 못 된다. 특히 동화사에는 조선시대 보물인 대웅전, 사명대사와 지눌국사 진영眞影 등을 제외하고도 당간지주, 봉황문 바로 앞 절벽에 새겨진 마애불입상, 비로암의 비로자나불좌상과 3층석탑, 금당암의 극락전과 동서 삼층석탑 등등 신라 보물들이 줄줄이 건재하고 있다.

금당암 극락전, 쌍탑 중 서탑

팔공산에 있는 신라시대 문화유산 사운데 대중에 가장 두드러지게 각인된 것은 '갓바위'이다. 정식 명칭 '경산 팔공산 관봉 석조여래좌상冠峰石造如來坐像'에는 대부분 낯설어하지만, '갓바위'라면 모두들 친근감을 느낀다. 물론 불도들은 "갓바위 부처님"이라 높이 우러르지만, 일반 대중들은 그냥 "갓바위"라 부른다.

바위를 깎아 만든 커다란 불상(자체 높이 4.15m, 좌대 포함 전체 높이 5.6m)이 머리 위에 갓 모양의 거대한 너럭바위(두께 15cm, 지름 180cm)를 얹고 있으니 그만하면 '갓바위 부처님'에 틀림없지만, 대중들은 우선 눈에 보이는 대로 '갓을 쓴 바위'라 호칭하는 것이다.

관봉석조여래좌상이 만들어진 시기

관봉 석불이 머리에 갓을 쓴 때가 고려시대라면, 석조 불상 자체가 만들어진 시기는 언제일까. 관봉석조여래좌상을 관리하는 선본사禪本寺는 사적을 통해 638년(선덕여왕 7)에 원광법사의 제자 의현義玄이 돌아가신 어머니를 기리기 위해 갓바위 불상을 만들었다고 밝힌다.

그러나 불상의 양식 등을 검토한 전문가들은 9세기 작품으로 간주한다. 경상북도 누리집 역시 '풍만하지만 경직된 얼굴, 형식화된 옷주름, 평판적인 신체는 탄력성이 배제되어 8세기의 불상과는 구별되는 9세기 불상의 특징을 보여주고 있다'고 설명한다.

동화사 창건 시기에 대해서도 갓바위부처 제작과 엇비슷한 해석이 이루어지고 있다. 한국문화유산답사회가 엮은 〈답사여행의 길잡이 8- 팔공산 자락〉에 '동화사는

493년에 극달화상이 창건하여 (중략) 832년에 심지왕사가 중창'하였다고 하지만 '심지왕사 때의 중창을 사실상 창건이라고 보는 것이 일반적인 견해'라는 대목이 있다.

갓바위부처가 이름을 드날리게 된 것은 두 가지 연유 때문으로 여겨진다. 하나는, '빌면 한 가지 소원은 반드시 들어준다'는 갓바위의 남다른 신화 덕분이다. 고학력 시대를 살면서 첨단과학의 세례를 받은 현대인들조차 수능시험 잘 치게 해 달라, 부자 되게 해 달라, 가화만사성을 이루어 달라 식의 기복 신앙에 매달려 (타종교 신자 중에도) 갓바위를 찾는 이가 드물지 않다는 소문이다. 그에 견줄 때, 미륵불의 도래를 믿어 의심하지 않는 참된 불도였던 신라인들이 눈이 오나 비가 오나 금호강을 건너고 동화천 들판과 팔공산 계곡을 걸어 부지런히 관봉을 오른 것은 차원이 다른 이야기이다.

　신라인들이 미륵불의 도래를 확신한 불도들이었다는 말은 그들이 눈앞의 이익 때문에 갓바위를 찾지는 않았다는 뜻이다. 이재웅 박사가 '지금은 모두들 약사여래로 모시고 있으나 불과 20여 년 전에만 해도 미륵불로 모셔졌다고 한다'고 증언하는 것처럼(대구은행 발행 〈향토와 문화〉 1권, 1996년) 신라시대의 갓바위는 '빌면 당장 한 가지 소원을 들어주는' 그런 부처가 아니었다.

　기독교의 메시아에 해당하는 미륵불은 모든 중생들을 빠짐없이 구제하여 한 사람도 남김없이 지상낙원의 행복을 구가하게 해줄 미래의 부처인 데 비해, 약사불은 병을 낫게 해주고 오래 살게 해줄 뿐만 아니라 돈도 벌게 해주고 잘 먹고 잘 입게 해주는 현재의 구세주이다. 신라인들이 관봉의 석불을 섬긴 것과 현대의 한국인들이 갓바위를 찾는 것은 사뭇 성격이 다른 종교 행위라는 말이다.

　갓바위의 지명도가 나날이 높아진 또 다른 까닭은 이곳의 부처가 위치와 형상에서 워낙 특이하기 때문일 듯하다. 일반적으로 불상은 사찰의 불당 내에서 금빛을 번쩍이며 고이 모셔져 있거나(그래서 흔히 "金堂금당"이라 부른다), 아니면 바위에 몸의 앞면만 볼록하게 새겨져 있는 경우가 보통이다. 그런데 갓바위부처는 특이하게도 해발 850m의 산봉우리 꼭대기에 저 홀로, 금빛이라고는 한 오라기도 지니지 못한 맨 돌덩어리 온몸을 송두리째 드러낸 채 앉아 있다. 이만하면 불국토를 꿈꾸던 신라 사람들에게 충분히 경외롭지 않았을까104).

---

104) 김기흥은 저서 《천년의 왕국 신라》에 "진흥왕의 맏아들은 동륜銅輪이었다. 동륜은 572년(진흥왕 33)에 죽었다. 둘째 아들은 사륜舍輪. 그런데 진흥왕에 이어 576년에 진지왕이 되는 사륜은 철륜鐵輪의 우리식 발음이 아니었을까 여겨진다. '철'의 우리 발음이 "쇠"라는 점을 감안할 때, 당시 사람들이 "쇠륜" 또는 "사륜"으로 불렀던 진지왕의 이름은 두 글자 모두를 한자로 옮기면 '철륜'이 되기 때문"이라고 유추한다. 김기흥의 유추는 신라인들이 불교를 극도로 숭상했다는 데 착안한 결과이다. 이는 곧, 진흥왕이 불교의 전륜성왕轉輪聖王에서 왕자들의 이름을 따왔다고 보는 해석이다.

전륜성왕은 인도 신화에 등장하는 네 명의 이상적인 성聖왕으로, 불법佛法의 바퀴輪를 굴려轉 천하를 통일한다. 삼국통일의 야망을 품었던 진흥왕은 아버지 법흥왕을 금륜, 자신을 은륜, 장남을 동륜, 차남을 철륜으로 믿으면서, 자신의 시대 또는 아들의 시대에 천하를 하나로 묶을 수 있으리라 생각했다는 것이다.

그뿐이 아니다. 진지왕에 이어 왕좌에 오른 진평왕의 이름은 백정白淨이었다. 진평왕의 동생들은 백반伯飯, 국반國飯이었다. 또 진평왕의 왕후는 마야摩耶부인이었다. 백정은 석가의 아버지, 백반과 국반은 석가의 작은아버지들이다. 마야부인은 석가의 어머니이다. 법흥왕, 진흥왕, 진평왕으로 이어지는 신라 왕실은 스스로를 석가모니의 가문과 같은 최고의 가계로 인식하고 있었던 것이 아닐까. 그들만이 왕이 될 수 있는 성골, 전륜'성'왕의 바로 그 성골聖骨 말이다.

하지만 신라 왕실이 받아들이기 어려운 일이 일어났다. 석

갓바위의 부처를 뵈려면, 신라인들은 금호강이나 신천 강가의 자기 집을 새벽같이 떠나도 한나절 내내 걷고 올라야만 했다. 지금은 차를 이용하여 관봉 턱밑까지 당도한 다음 거기서부터 짧은 길로는 30분, 먼 길로도 1시간 이내에 가뿐히 불상 앞에 닿지만, 신라시대에는 사정이 전혀 달랐다.

그러나 찾아가는 길의 어려움은 오히려 신라인들을 더욱 뜨겁게 채찍질했을 터이다. 북풍한설 장대장마 칠흑어둠 작열폭염, 어느 것 하나도 피하지 못하고 고스란히 감수해야만 하는 산꼭대기에서 발가벗은 채 사시사철 묵묵히 앉아있는 부처를 찾는 길인데 어찌 그 거리를 탓했으랴. 신라인들은 갓바위부처의 남다른 위치와 형상에 뜨겁게 매혹되었을 법하다.

물론 신라인들은 '머리에 갓을 쓴 돌부처가 그것도 산꼭대기에 있으니 얼마나 신비한가' 같은 이유로 관봉을 찾지는 않았다. 갓바위부처가 머리에 갓을 쓰게 된

가모니에게는 아들 형제만 있었는데, 진평왕 형제에게는 덕만과 승만, 그렇게 딸들만 태어났다. 이를 어쩔 것인가. 진평왕의 이름이 석가의 아버지 이름 '백정'이고 어머니의 이름이 석가의 어머니 이름 '마야'이면, 태어나는 첫째 아기는 '석가'여야 하는데 딸이 출생했으니! 그래도 왕가의 딸들은 왕위에 올랐다. 선덕여왕과 진덕여왕이다. 하지만 654년 진덕여왕이 죽으면서 성골은 끝이 났다. 마침내 김춘추가 등극을 하니 비로소 진골의 시대가 열렸다.

것이 고려시대로 추정되기 때문이다. 즉, 신라시대만 해도 불상의 이름은 '갓바위 부처님'이 아니었다. 갓바위가 있는 산봉우리의 이름이 관봉冠峰이라 불린 것이나, 갓冠을 쓴 채 봉峰우리에 앉坐아 있는 돌石로 만들어진造 불상如來像이란 의미의 관봉석조여래좌상이란 이름이 일반화된 것은 모두 고려시대 일이다.

종합하면, 신라인들이 열성적으로 관봉을 오른 것과 갓을 쓴 돌부처를 보려는 호기심 사이에는 아무런 상관이 없다. 그들에게는 관광 겸 건강 증진 목적이 전혀 없었다. 그렇다고 해서 지금처럼 당장의 개인적 이익을 갈구한 것도 결코 아니었다.

갓바위부처를 찾은 것은 오로지 돈독한 미륵신앙 때문이었다. 세상을 혁명적으로 바꿀 미륵불의 도래를 기원해서였다. 같은 9세기에 창건된 것으로 여겨지는 동화사를 찾을 때에도 신라인들의 마음은 갓바위부처를 모시는 때와 한결같았다. 지금은 동화사가 거대 약사대불을 건립하는 등 절의 성격이 많이 바뀌었지만, 본래는 금산사, 법주사와 함께 우리나라에서 미륵불을 모시는 법상종의 3대 사찰이었다.

갓바위를 타지인과 외국인들에게 적극적으로 알리자

갓바위부처의 주소가 대구광역시가 아닌 경상북도 경산시 와촌면 대한리 산 44번지라는 사실을 거론해야겠다.

행정구역상 갓바위부처는 대구가 가진 문화유산이 아니라는 뜻이다. 하지만 (은해사처럼) 팔공산 너머에 있지 않고 능선 정상에 위치하는 데 힘입어 대구 시민들의 마음에는 '대구의 문화유산'으로 온전히 자리잡고 있다.

어디 대구 시민들뿐일까. 타지 사람들도 갓바위를 찾아 경산 시내로 가지는 않는다. 팔공산 너머에 있는 은해사와 삼존석굴은 흔히 "영천 은해사", "군위 제2 석굴암"이라 부르지만, 팔공산 능선 꼭대기의 갓바위는 "경산 갓바위"라고 부르지 않는다. 따라서 갓바위는 대구가 타지인이나 외국인에게 크게 홍보할 만한 대표적 문화유산의 자격을 갖추고 있다고 볼 만하다.

경북 경산시는 해마다 '갓바위 축제'를 열고 있다. 그래도 관봉석조여래좌상이 '대구 갓바위'로 이미지가 굳어 가고 있는 현실은 부인할 수 없다. 또한 대구광역시도 갓바위부처의 행정적 소재지가 경산시라는 점에만 집착해 관봉석조여래좌상을 경산의 문화유산으로 방관하면 대구의 위상을 높이는 데 도움을 얻지 못할 것이다. 지방자치단체끼리 이런 일도 함께하지 못해 '약사불'이 안겨주는 눈앞의 이익을 놓친다면, 우리는 과연 언제 '미륵불'의 시대를 맞이할 수 있겠는가.

갓바위는 국보는 아니다. 하지만 21세기의 현대인들이 현재의 복을 비는 원시적 신앙심을 바탕으로 줄기차게 산꼭대기까지 올라가는 갓바위의 풍경은 보는 이들에게 '인생이란 무엇인가'에 대해 한번쯤 다시 생각해볼 단초를 던져준다. 이 시대에 어느 산꼭대기에서 이런 모습의 '현대인의 초상'을 재삼 볼 수 있겠는가. 아마 여기밖에 없을 것이다.

그런 점에서, 갓바위는 역사가 남긴 보물이기도 하지만, 지나간 시대만이 아니라 현대의 정신문화까지 아울러 증언하는 보기 드문 문화유산이다. 단언하건대, 갓바위를 찾는 행렬이 계속된다면 관봉석조여래좌상은 반드시 국보의 영예도 얻을 것이다. 당연히 대구광역시와 경상북도 경산시는 힘을 합쳐 갓바위를 국가적 관광 명소로 키워야 한다.

다시 갓바위를 찾으며

대한민국에서만 볼 수 있는 희귀한 풍경 앞에서 전율을 느낀다. 그것도 명승이나 역사유적이 아니라, 대학수학능력시험 때 유난히 장사진을 이루는 '사람의 풍경' 앞에서이다. '우리 아이 수능시험에서 대박나게 해달라!'고, 전국 방방골골에서 모여든 학부모들이 해발 850m 산꼭대기까지 걸어서 올라와 석불을 향해 연신 절을 올린다.

갓바위부처께 기도를 올리는 사람들

사람들이 흔히 '갓바위'라 부르는 '경산 팔공산 관봉 석조여래좌상'은 세계에 단 하나뿐인 '산꼭대기 갓 쓴' 석불이다. '갓바위부처'는 국가 지정 보물로, 통일신라 시대인 9세기 작품이다. 바위를 깎아 만든 이 석불은 좌대 포함 5.6m, 자체만 4.15m 높이 자랑하는 대불이다. 머리에 쓴 갓돌도 두께 15cm, 지름 1m80cm의 거석이다.

경산시 와촌면 쪽에서 갓바위로 올라본다. 도로변 삼거리에 '한 가지 소원은 꼭 이루어주는 경산 갓바위'쓰인 거대 입간판이 허공에 매달려 있다. 입간판은 갓바위가 '경산의 것'이라는 사실을 유난히 강조하고 있다. 대구에서 올라가는 등산로도 있지만, 갓바위 자체의 주소가 경상북도 경산시 와촌면 대한리 산44번지이기 때문이다.

갓바위를 관리하는 선본사 아래에 일주문이 있다. 일주문에서 왼쪽으로 작은 다리를 건너면 바로 등산로가 시작된다. '합격엿'을 파는 노점이 등산로에서 '학부모'들을 기다리고 있다. 손님도 아니면서 노점상 아주머니에게 말을 건네본다.

"합격엿 오늘만 팝니까?"

대답이 '재미'있다.

"오늘은 암만해도 좀 많이 내놨지요. 보통 날도 팔아요.

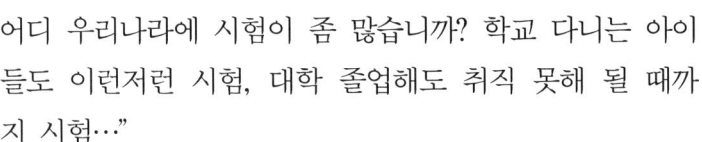

어디 우리나라에 시험이 좀 많습니까? 학교 다니는 아이들도 이런저런 시험, 대학 졸업해도 취직 못해 될 때까지 시험…"

갓바위까지는 사람 따라 다르지만 대략 30분 걸린다. 시간도 그리 많이 소요되지 않지만, 길도 평탄한 편인데다 가파른 곳은 모두 널찍한 계단이 설치되어 있어서 말 그대로 남녀노소 누구나 오를 수 있다.

아직 갓바위까지 100m쯤 남았는데 벌써 사람들이 엎드려 절을 하고 있는 광경이 눈에 들어온다. 삼성각 앞이다. 갓바위에 당도한 뒤에도 한없이 절을 올릴 터인데

예서부터 신심信心이 솟구친 모양이다. 삼성각 지붕 위로 갓바위부처가 있는 관봉 산정이 보인다.

이윽고 산정, 인파에 짓눌려 갓바위 앞으로 갈 수가 없다. 석불 앞 교실 두 칸 남짓해 보이는 뜰에 1000명도 넘을 성싶은 사람들이 정말 콩나물시루처럼 들어차 있다. 모두들 방석 같은 것을 깔고 앉아서 108배 중이다.

한결같이 정성껏 기도를 올리고 있어 그 사이를 함부로 지나갈 수도 없다. 사람들 사진도 찍어야 하고, 부처님도 촬영해야 한다. 기도를 올릴 일은 없지만, 사진 한 장 안 찍고 그냥 하산해서야 '갓바위부처'께도 그렇고, 이 많은 기도객들에 대한 예의가 아니다.

그건 그렇고, 과연 부처님은 이들의 기도를 들어줄까? 사찰만이 아니라 천주교의 성당에도 개신교의 교회에도 '수능 기도' 현수막은 드물지 않게 걸려 있지만, 어느 신인들 '수능 대박 기도'를 들어주지는 않을 것이다. 그렇게 되면 '부정 입시' 아닌가.

우리 사회가 '대학 입시 결과에 따라 생애의 상당 부분이 결정되는 천박한 국격'을 뛰어넘는 수뿐이다. 그런 날이 오면 이곳 갓바위를 찾는 사람들의 '소원'도 지금보다는 좀 더 '아름다운 내용'을 가지게 될 것이다.

그나저나 '수능일에 볼 수 있는 대한민국 최고의 풍경'이 이곳 갓바위에 있다. 물론 그 함의가 부정적인 게 마음에 불편하기는 하지만. ▮

갓바위부처 현장 안내판 : "그 동안 왼손에 둥근 물건이 올려져있는 듯 보여 약사여래불로 알려졌으나 최근 삼차원 스캔 조사를 하면서 엄지손가락을 구부려 손바닥 위에 얹고 있는 형태인 것으로 확인되었다. 이러한 손가락 표현은 경주 토함산 석굴암 본존불상에서도 나타난다."

'팔공산 관암사' 안내판 : "한국불교 태고종 제14대 종정 백암 대종사께서 1962년 3월 관암사를 창건하면서 갓바위까지 길을 닦고 속칭 미륵불로 불리던 부처님을 약사여래불로 명명하여 1963년 9월 국가지정문화재로 등재함으로써 비로소 세상에 알려지게 되었다."

군위 아미타여래삼존 석굴
대구시 군위군 부계면 남산리 1477

대구에는 국립대구박물관 실내 아닌 시내 야외에는 국보가 없다. 팔공산에만 있다. 흔히 "제2 석굴암"이라 불리는 '군위 아미타여래삼존 석굴'과 은해사 거조암의 영산전이 바로 그것이다.

그런데 제2 석굴암과 거조암 영산전은 (대구 시내에서 볼 때) 팔공산을 넘어가야 있다. 행정구역상 경북 경산시이지만 팔공산 넘기 이전에 있어 대구에 있다고 여겨지는 갓바위와 아주 다르다. 대구에 있는 문화유산으로 쉽사리 느껴지지 않는다는 말이다.

그래도 국보는 국보다. 거리상 또는 심리상의 이유로 국보를 멀리할 수는 없다. 국가유산청의 공식 〈해설〉을 성심껏 읽어본다.

〈팔공산 절벽의 자연동굴에 만들어진 통일신라 초기의 석굴사원으로, 인공적으로 만들어진 경주 석굴암 석굴(국보)보다 연대가 앞선다. 이 석굴에는 700년경에 만들어진 삼존석불이 모셔져 있다.

가운데 본존불은 사각형의 대좌臺座 위에 양 발을 무릎 위에 올리고 발바닥이 위로 향한 자세로 앉아 있는 모습이다. 민머리 위에는 상투 모양의 큼직한 머리(육계)가 있으며, 얼굴은 몸에 비하여 큰 편으로 삼국시대 불상에서 보이던 친근한 미소 대신 위엄 있는 모습을 하고 있다.

옷은 얇게 걸치고 있어서 당당한 신체의 굴곡을 여실히 드러내고 있으며, 옷자락은 넓은 무릎을 거쳐 불상이 앉아 있는 대좌 아래까지 길게 늘어져 있다. 손모양은 오른손을 무릎 위에 올리고 손가락이 땅을 향한 항마촉지인降魔觸地印(76쪽 각주 참조)을 하고 있다.

같은 양식을 보여주는 좌우의 보살상은 각각의 머리에 작은 불상과 정병이 새겨진 관冠을 쓰고 있다. 가슴 앞에는 목걸이를 걸치고 팔에는 팔찌를 끼고 있으며, 옷은 길게 U자형의 주름을 그리면서 내려오고 있다.[105] 이들 보살상은 날씬한 몸매에 어울리는 신체 비례와 목·허리·다리 3부분을 비틀고 있는 모습에서 새롭게 수용된 중국 당나라 양식을 보여주고 있다.

---

[105] 부처상과 달리 보살상은 화려한 모습이 특징이다.

이 작품은 삼국시대 조각이 통일신라시대로 옮겨가는 과정에서 만들어진 것으로, 높은 문화사적 가치를 지니고 있으며, 자연 암벽을 뚫고 그 속에 불상을 배치한 본격적인 석굴사원이라는 점에서 불교 미술사에 중요한 위치를 차지하고 있다.〉

'군위 아미타여래삼존 석굴' 답사에는 큰 장애가 있다. 현장에 가도 직접 눈으로 삼존불을 볼 수가 없다. 절벽 가운데에 있는 석굴 안에 만들어져 있어서가 아니다. 굴까지 올라가는 계단은 놓여 있다. 하지만 '출입 금지' 안내판에 가로막혀 일반인은 계단 입구에서 발을 멈춰야 한다. 그야말로 '그림의 떡'이다.

안타깝지만 어쩌랴. 국보 문화유산을 보호하는 차원에서 내려진 조치인 만큼 국민의 한 사람으로서 수긍해야 한다. 아래 인용문을 통해 신라인들의 독실한 불교 신앙을 이해하고, 그들이 조성한 이곳 석굴 삼존불을 못 보는 아쉬움을 스스로 달래는 도리뿐이다.

송림사
경북 칠곡군 동명면 구덕동 92-1

　군위 국보 삼존불을 직접 눈에 담지 못하는 아쉬움을 달래며 대구 시내 쪽으로 돌아오는 길에 보물 탑 두 기를 답사한다. 경북 칠곡군 동명면 기성동 1028번지, 흔히 '기성동 삼거리'라 불리는 곳에서 동쪽 내리막 쪽으로 밭 한가운데를 유심히 바라보면 아름다운 삼층석탑이 외로이 서 있는 풍경이 눈에 들어온다. 속명이 법성탑法聖塔인 것으로 보아 아주 옛날 이 일대에는 법성사라는 사찰이 있었던 듯하다. '칠곡 기성리 삼층석탑'에 대한 국가유산청 공식 〈해설〉을 읽어본다.

　〈법성사法聖寺터로만 알려진 곳에 있는 탑으로, 2단의 기단基壇106) 위에 3층의 탑신塔身107)을 올린 형태이다.
　아래층 기단은 8개의 돌로 구성되어 있으며, 모서리

---

　106) 건축물의 터를 반듯하게 다듬은 다음에 터보다 한 층 높게 쌓은 단
　107) 기단과 상륜相輪(불탑의 꼭대기에 있는, 쇠붙이로 된 원기둥 모양의 장식) 사이의 탑의 몸.

와 가운데에 기둥 모양을 새겨 놓았다. 위층 기단에는 둥글고 넓은 장식의 안상眼象108)을 각 면이 다 채워질 만큼 큼직하게 새겨 놓았다.

 탑신의 몸돌과 지붕돌은 각각 한 돌로 이루어져 있으며, 몸돌마다 모서리기둥이 뚜렷하게 나타나 있다. 지붕돌은 아래받침이 5단씩이고 네 귀퉁이는 경쾌하게 치켜 올려져 있으며, 탑 상부의 머리장식 부분은 노반露盤109)만이 남아 있다.

이 탑은 기단이 2단으로 이루어진 점과 지붕돌 밑면의 받침수가 5단인 점 등으로 보아 통일신라시대에 세워진 것으로 보인다. 기단에 안상을 새겨 두었다는 점이 특이하며, 1971년 도굴자들에 의해 윗부분이 부서져 있던 것을 복원하였다.〉

 법성탑에서 도로를 따라 내려오

---

 108) 작은 칸 모양으로 살을 대어 나누어진 부분을 안상연眼象緣이라 하고, 그 안에 새겨진 문양을 안상이라 한다. 인도에서 코끼리 눈을 중심으로 그린 데서 유래했다.
 109) 불탑의 꼭대기에 설치된 쇠나 구리로 된 장식인 구륜九輪(공륜空輪, 보륜寶輪이라고도 함) 아래에 있는 네모 난 동반銅盤(구리 쟁반).

면 경북 칠곡군 동명면 구덕동 92-1번지 송림사에 닿는다. 544년(진흥왕 5)에 창건된 것으로 전해지는 송림사에는 우리나라에서 가장 큰 목조 불상이 있다. 그 불상이 점잖게 앉아 있는 대웅전('칠곡 송림사 대웅전', 보물)의 현판은 숙종의 글씨로 추정된다. 그러나 이들이 송림사를 유명하게 만든 것은 아니다.

송림사는 국가 보물 5층전탑 덕분에 전국적 지명도를 얻었다. '칠곡 송림사 오층전탑'은 우리나라에 남아 있는 7기의 전탑 중에서도 둘째가라면 서러워 할 정도의 아름다움을 지닌 것으로 정평이 났다. 이 탑을 보러 전국 방방곡곡에서 사람들이 찾아오고 있다. 오층전탑에 대한 국가유산청 공식 〈해설〉을 읽어본다.

〈송림사 대웅전 앞에 서있는 5층 전탑塼塔110)으로, 흙으로 구운 벽돌을 이용해 쌓아 올렸다. 탑을 받치는 기단基壇은 벽돌이 아닌 화강암을 이용하여 1단으로 마련하였는데, 기단의 4면에는 각 면의 모서리와 가운데에 기둥 모양을 조각하였다.

탑신塔身은 모두 벽돌로 쌓아올렸다. 2층 이상의 몸돌은 높이가 거의 줄어들지 않아 전체적으로 높아 보이나,

---

110) 점토를 네모 또는 긴 네모 형태로 빚어서 말린 뒤 800~1,000°C로 가마에서 구워 만든 벽돌로 축조한 탑

각 몸돌을 덮고 있는 지붕돌이 넓은 편이어서 안정되고 온화하다.

지붕은 벽돌로 쌓은 점을 고려한 듯 밑면의 받침부분 외에 위의 경사면까지 층급을 두어 쌓았다. 꼭대기에는 금동으로 만든 머리장식이 남아있는데, 이는 1959년에 해체하여 복원작업을 하면서 원형대로 모조한 것이다. 비록 모조품이긴 하나, 통일신라시대 금동 상륜부의 모습을 보여주고 있어 귀중한 자료가 된다.

9세기 통일신라시대에 세워진 것으로 추측되며, 보수를 하면서 탑신의 몸돌 내부에서 나무로 만든 불상과 사리장치 등이 발견되었다."

오층전탑에 밀려 유명세는 덜하지만 송림사에는 보물 불상이 셋이나 있다. 대웅전도 보물이다. 대웅전 수미단 위에 봉안된 '칠곡 송림사 목조석가여래삼존좌상'은 〈석가여래와 문수·보현보살로 구성된 석가삼존 형식으로 본존불(277cm)의 높이가 3m에 육박하는 거대한 목조 불상이다.

이 삼존상은 규모가 큰 불상임에도 불구하고 신체비례가 적당하고 안정적이며, 당당한 형태미를 보여주고 있다. 본존 석가모니불은 오른손을 무릎 아래로 내리고 왼손은 무릎 위로 올려 구부린 항마촉지인을 결하고 있다. 본존과 거의 흡사한 양식적 특징을 보여주고 있는 좌·우 협시보살상은 양손의 수인의 위치만 달리하여 두 손으로 긴 연꽃줄기를 잡고 있는데, 연꽃줄기는 보관과 함께 후대에 보수된 것으로 추정된다.

송림사 삼존상은 양식적으로 건장하고 당당한 형태미, 엄숙한 얼굴표정에 입가를 눌러 만들어 낸 생경한 미소, 간략하고 단순화하지만 강렬한 힘이 느껴지는 옷주름 등의 양식적 특징을 보여주고 있는데, 이는 양대 전란 이후 17세기 전·중엽 경의 재건 불사 과정에서 제작된 불상들과 양식적으로 상통한다.

이 삼존상은 조선후기 17세기를 대표할 만한 대작大作으로서 복장에서 발견된 발원문을 통하여 정확한 조성연대와 발원자, 조각승을 알 수 있다. 특히 17세기 전반에

활약했던 조각승 무염無染111)계에 속하는 수화원 도우道祐(道雨)를 비롯하여 18명의 조각승들이 참여하여 제작한 대형 작품이다. 따라서 이 삼존상은 17세기 전반과 후반을 잇는 기념비적 작품이자 조각 유파 연구에도 귀중한 작품으로 평가된다.〉

'칠곡 송림사 석조아미타여래삼존좌상'도 보물이다. 천불전에 모셔져 있는 〈이 삼존상은 아미타여래와 관음·지장보살로 구성된 아미타삼존형식이다. 이 삼존상은 '불석沸石(Zeolite)'이라고 불리는 돌로 제작되었다. 불석은 경주지역에서 채석되는 연질의 석재로서 목조각을 전문으로 하는 조각승들도 비교적 쉽게 다룰 수 있는 재료였다고 생각된다.

상들의 표현은 재질에서 기인한 탓인지 얼굴이나 신체의 표현에서 다소 딱딱한 느낌을 준다. 이 삼존상에서 특기할 만한 표현은 수인의 형태로 삼존 모두 두 손을 다 같이 손바닥을 밑으로 하고 두 무릎 위에 올려놓았는데, 이러한 수인은 조선후기 불석제 불상에서 많이 보이는 것이 하나의 특징이다. 특히 이상은 이러한 수인을 취한 불석제 불상 중에서 선구적인 예에 속하는 것으로 조각사적 의의가 있다.

---

111) 통일신라시대 승려(801~888). 당에 유학해 보철 화상에게 화엄경을 배우고, 귀국 후 국사로 봉해졌다. 속성은 김씨.

한편 아미타여래상의 복장에서 나온 발원문을 통해 1655년(효종 6) 무염無染 유파의 조각승 도우道祐(道雨)가 현재까지 밝혀진 작품 가운데 처음으로 수화원이 되어 조성한 작품으로 17세기 불교조각사 및 조각 유파 연구에 귀중한 작품으로 평가된다.〉

'칠곡 송림사 석조 삼장보살좌상 및 목조 시왕상 일괄'도 보물이다. 수首조각승 승일勝一을 비롯, 성조性照, 자규自圭 등의 조각승들이 1665년(현종 6) 완성해서 명부전에 봉안했다. 〈삼장보살은 천상, 지상, 지옥의 세계를 아우르는 개념으로 조선시대 사찰에서 봉행한 천도재의 하나인 수륙재에서 공양을 드린 시방세계 성중들 가운데 일부를 형상화한 것이다. 우리나라에서는 주로 불화 작품으로 남아 있는 경우가 많은데 송림사 삼장보살상은 조각 작품으로는 국내의 유일 사례로 미술사적으로 의의가 있다.

천장보살상에서 발견된 중수 발원문 등을 통해 처음 조성된 시기와 제작 장인, 조성 이후 1753년경 한 차례 중수된 사실이 확인되었다. 또한 일부 조각이 결실되어 근래에

송림사는 대웅전도 보물이다

새롭게 조성되었으나, 삼장보살과 주요 권속이 큰 손상과 결손 없이 제작 당시의 모습에서 크게 변형되지 않고 전하고 있다는 점에서 자료적 가치가 크다.

칠곡 송림사 석조 삼장보살좌상 및 목조 시왕(저승에 있는 10명의 왕)상 일괄은 다양한 재료를 활용하여 조성되었다. 삼장보살은 불석佛石을 사용하여 제작하였는데 불석의 사용은 17세기 중엽 조선 사회가 안정기로 접어들면서 목재 수요가 늘어남에 따라 부족한 목재 수급을 위해 정부가 추진한 강력한 소나무 벌채 금지 정책으로 인한 것이다. 불상 제작에 사용될 목재 수급이 어려워지자 조각승들은 가공이 쉬운 불석 조각에 관심을 갖게 되었는데 송림사 명부전 불상을 통해 이러한 사회경제사적 현상을 읽을 수 있다는 점에서 역사적으로도 의미가 있다.

불석을 사용한 삼장보살 외에도 시왕상은 목조, 장군상은 소조로 제작되었는데 이렇게 다양한 재료로 불상을 조성할 수 있었던 것은 승일이 모든 재료를 다룰 수 있는 능숙한 역량을 갖춘 조각승이었음을 보여주는 것이다. 승일은 17세기 전반부터 후반까지 활발하게 활약한 조각승으로 처음에는 현진, 무염, 청헌 등 당대 최고 조각승을 보조하며 역량을 키우다 1640년대부터 자신만의 조각풍을 구현하였는데 송림사 명부전 불상은 승일 및 그의 유파 형성과 전승을 연구하는 데 의미 있는 작품으로 학술 연구에도 중요하다.〉

북지장사
대구 동구 도장길 243

'대구 북지장사北地藏寺 지장전地藏殿'은 보물이다. 〈북지장사는 신라 소지왕 7년(485) 극달화상이 세웠다고 전하는 절이다. 이 건물은 사역寺域[112] 동쪽에 있는 대웅전大雄殿이 과거 어느 시기에 불에 타버려 근래까지 대웅전으로 사용하고 있었으나 2011년까지 해체 보수 결과 조선 영조 37년(1761) 지장전地藏殿[113]으로 상량하였다는 기록이 발견되어 지장전으로 명칭을 변경하였다.

앞면 1칸·옆면 2칸 규모이지만 앞면 1칸 사이에 사각형의 사이기둥을 세워 3칸 형식을 띠고 있는 것이 독특하다. 지붕은 옆면에서 볼 때 여덟 팔八자 모양을 한 팔작지붕이며 공포가 기둥 위뿐만 아니라 기둥 사이에도

---

112) 사역寺域은 절이 차지하고 있던 땅의 범위를 뜻한다.
113) 지장보살 : 지옥에서 고통 받는 중생들을 구원하기 위하여 지옥에 몸소 들어가 죄지은 중생들을 교화, 구제하는 지옥세계의 보살이다. 지장보살은 다른 보살상과는 달리 민머리의 스님 모습이거나 아니면 머리에 두건을 쓰고 손에 보배 구슬이나 지팡이를 쥔 모습으로 많이 표현된다.

있는 다포 양식으로 세부 처리는 조선 중기 수법을 따르고 있으며, 공포 위에 설치한 용머리 조각 등은 조선 후기 수법을 따르고 있다. 건물에 비해 지붕이 크게 구성되어 있으며, 지붕 각 모서리 끝(추녀)에 얇은 기둥(활주)을 받쳤다. 지붕의 가구형식은 특이하게 정자에서 쓰는 건축 기법을 사용하였다.

불전 건축 기법으로는 보기 드문 형태를 갖추고 있어 조선시대 건축사 연구에 중요한 건물이다.〉

아직 '大雄殿'이 붙어 있다.

이어서 '북지장사 석조지장보살좌상(유형문화유산)'을 관람한다. 〈대구의 북지장사는 고려 명종 22년(1192)에 창건되었으며 불상은 북지장사 대웅전 뒤쪽 땅속에서 발견된 것으로 완전한 형태로 남아있다.

얼굴은 온화한 인상으로 단정한 자태를 보여주고 있으며, 왼손에는 보주寶珠를 들고 오른손은 무릎 위에 올려 손끝을 아래로 향하고 있다. 양쪽 어깨를 감싸고 있는 옷은 주름의 조각선이 가늘고 약하게 형식화되어 시대가 뒤짐을 보여준다.

머리 형태나 손에 든 보주 등으로 미루어 보아 지옥의 중생을 구제한다는 지장보살을 형상화한 것으로 보이며, 단정한 자태와 온화한 인상 등으로 통일신라 후기에 만들어진 작품으로 추정된다.〉

'북지장사 삼층석탑(유형문화유산)'도 둘러보아야 한다. 〈대웅전 동쪽에 서 있다. 북지장사는 고려 명종 22년(1192)에 보조국사가 창건하였다고 하나 그 이후의 역사는 전하고 있지 않다. 탑은 2층 기단에 3층 탑신을 올린 모습으로, 두 탑의 규모와 형식이 거의 같다. 기단과 탑신의 몸돌에는 기둥 모양을 새겼다. 지붕돌은 윗면에 약한 경사가 흐르고, 밑면의 받침이 4단이며, 네 귀퉁이가 살짝 들려있다.

땅속에 묻혀 있거나 주변에 흩어졌던 것을, 1981년 새로이 복원하여 지금에 이르고 있다.〉

북지장사에서 나올 때 방짜유기 박물관을 둘러보는 것도 좋은 여정이다. 동화사를 향해 올라가다가 오른쪽 산속으로 들어가 동구 용수동 39-1번지 팔공산공원관리사무소 입구에 세워져 있는 문화유산자료 '수릉 향탄 금계 표석綏陵香炭禁界標石'을 찾는 색다른 답사도 해볼 만하다. 이름부터 생소하다.

〈수릉(조선 헌종 부친인 익종의 묘)의 보호와 향탄(왕릉에 사용하는 목탄)의 생산을 위해 국가에서 지정한 일정구역의 출입을 금하고 있는 일종의 금지 푯말이다. 표석은 높이가 낮고 옆으로 넓게 퍼진 자연석을 그대로 사용하였으며, 앞면에 세로로 두 글자씩 '綏陵 香炭 禁界'라고 새겨 놓았다. 이러한 표석은 이곳 이외에 1기가 더 있는데, 이러한 점으로 보아 이 지역 일대가 봉산으로 지정되었었음을 알 수 있다. 봉산 제도는 조선 숙종 때 시작된 것으로 산림훼손의 방지를 위해 구역을 지정한 후 표지석을 세워 출입을 막았던 제도이다.

  이 표석은 조선시대 산림정책의 한 부분을 잘 보여주고 있는 것으로, 원래 이곳에서 10m 가량 아래에 있던 것을 지금의 자리로 옮겨온 것이다.〉

팔공산 단풍

　파군재(신숭겸 동상)에서 왼쪽으로 → 파계사 사거리에서 파계사 경내로 들어가 숲길 정취를 만끽한 후 다시 나와서 왼쪽으로 → 동화사(새 주차장 말고 옛 주차장이 있는) 봉황문으로 들어가서 하차 후 대웅전까지 계곡 물길 따라 이어지는 환상의 단풍을 즐긴 후 돌아 나와서 왼쪽으로 → 백운동 삼거리에서 오른쪽으로 → 파군재

　팔공산에서 단풍을 구경하는 길은 파군재에서 출발해 파계사를 거친 다음, 동화사 봉황문으로 들어갔다가 백안동 삼거리로 내려와 다시 파군재로 돌아오는 여정이 '최고'라고 추천할 만하다.
　파군재는 왕건이 견훤의 후백제 군대에 대파를 당한 고개로, 삼거리 가운데에 신숭겸 장군 동상이 세워져 있는 곳이다. 여기서 왼쪽으로 접어들면 파계사 사거리까지 고목 분위기를 풍기는 큰 나무들이 울긋불긋 단풍을 뽐내고 있는 풍경을 즐길 수 있다.
　파계사 경내에 들어가면 전국 어디를 가도 이곳보다 더 이상 절경의 단풍은 못 보리라 장담할 수 있는 대단한 가을 풍경이 펼쳐진다. 대구 팔공산 올레길은 '변산 마실길(전

북 부안)', '구룡령 길(강원도 양양)', '메타스퀘어 단풍길(대전 서구)', '상주 낙동강길(경북 상주)', '춘천 물레길(강원도 춘천)'과 더불어 2012년 한국관광공사가 '강추! 우리 고장 가을 길'이라는 주제로 선정한 전국 여섯 군데 '10월의 가 볼 만한 곳'에 뽑혔던 곳이다.

파계사 단풍을 즐긴 답사자는 물론, 체력과 시간 문제 등으로 차량에 몸을 실은 채 하차 없이 팔공산 올레길 단풍을 완상하려는 이도 지금부터는 파계사 입구를 떠나 동화사 방향으로 나아간다. 나무들이 크기는 작아져도 그 대신 아담하고 아기자기하여 또 다른 가을의 정취를 만끽하게 해준다. '노태우 전 대통령 생가' 이정표가 도로변에 세워져 있지만 단풍 구경에는 별로 도움이 안 되니 지나쳐도 좋다.

노태우 생가(동구 용진길 172) 이정표

몽고군이 초조대장경을 불태운 부인사가 중간쯤에 있다. 부인사는 절집들이 당시 전소되었지만 탑 1기와 석등 2기가 잘 남아 있고, 불당을 이루었던 석재石材들이 보는 이의 마음을 애잔하게 만들어주며, 아름드리 고목들이 많이 남아 있어 역사여행 답사지로는 아주 괜찮다.

부인사에서 돌아나와 다시 동화사로 가는 도로를 나아간다. 작은 고개를 하나 넘으면 상가들이 왼쪽에 빽빽하게 자리를 잡고 있는 풍경이 나타난다. 상가들이 끝나면서 다시 잠깐의 고개를 오르는데, 오르막 끝에서 직진하여 내려가는 도로와 왼쪽으로 접어드는 새 진입로로 나뉜다. 왼쪽 진입로로 들어가면 동화사 경내로 입장하는 매표소가 나오고, 다리를 건너 새 주차장이 펼쳐진다.

단풍 구경은 이 왼쪽 길로 가서는 안 된다. 그냥 도로를 직진하여 내려간다. 금세 다리를 건너자마자 삼거리가 나오고, 바로 왼쪽에 과거의 동화사 답사자들이 들어섰던 봉황문(일주문)으로 가는 옛 진입로가 보인다. 봉황문에서 대웅전까지 계곡 물소리를 따라 펼쳐지는 산중 단풍길이 천하 절경이다. 그래서 조금 전의 새 진입로로 들어서면 안 되는 것이다.

동화사는 문화유산이든 단풍이든 봉황문으로 들어가서 구경해야 한다.

동화사에서 돌아나와 왼쪽으로 내려오면 갓바위부처가 있는 관봉과 파군재로 돌아오는 길이 갈라지는 백안 삼거리가 나온다. 단풍만 보려면 파군재로 돌아오면 되고, 산정에 새겨져 있는 '세계 유일의 갓 쓴 돌부처'를 구경하고 싶으면 좌회전하여 관봉 쪽으로 가야 한다.

주차장에서 출발해 갓바위부처(보물)까지 오르는 데에는 물론 사람마다 달라서 30분~60분가량 걸린다. 팔공산에는 지정 문화유산이 92점이나 있어서 '야외 박물관'이라는 경주 남산보다도 많다. 팔공산은 또 역사의 현장이기도 하다. 팔공산 입구 지묘동 일대는 927년 왕건이 견훤에게 대패하여 구사일생으로 도망친 전쟁터이고, 동화사는 임진왜란 당시 사명대사가 영남 일원의 승병들을 지휘하고 훈련시킨 총본부였다. 그래서 지금도 동화사 봉서루에는 '영남치영아문'이라는 현판이 걸려 있다. 이 현판의 '치'는 승려를 뜻하고, '영'은 군영, '아문'은 '본부' 정도의 의미이다.

몽고 침략, 왜구 침략, 독립운동 시기, 6·25전쟁 때에도 팔공산은 역사의 현장이었다. 세계문화유산인 해인사 팔만대장경보다 200년이나 앞서 제작된 초조대장경이 부인사에 보관되어 있던 중 1232년(고려 고종 19) 몽고군의 침탈을 당해 불에 타버렸고, 사람들도 수를 헤아릴 수 없을 만큼 많이 죽었다.

<고려사>에는 '공산성에 들어간 백성들이 굶어죽은 자가 매우 많았다', '늙은이와 아이들의 시체가 골짜기를 메웠는데, 심지어는 나무에 아이를 매달아두고 가는 자도 있었다' 등의 처참한 기록이 남아 있다.

그나저나 해마다 10월말 무렵이면, 팔공산은 단풍으로 아름답다. 도시는 인간들이 내뱉은 말들로 어지럽지만, 팔공산은 단풍으로 사람을 어지럽게 한다. 게다가 수많은 문화유산까지 거느린 팔공산, 꼭 찾아보아야 할 우리나라 명산이다. 그렇다면 단풍이 아름다운 가을이 더욱 제격이리라.

팔공산의 폭포

시내버스를 타고 동화사에서 내린다. 새로 생긴 거대 출입구로 가지 않고 왕년에 드나들던 옛문으로 들어간다. 이 길이 좋다. 들머리에 국가 지정 보물인 마애불상이 미소를 머금은 채 사람을 기다리는 것만 해도 새로 생긴 거대 출입문의 상업성과 단적으로 대비가 된다. 심지대사가 정을 들고 직접 새겼다는 불상과 잠깐 눈을 마주친 다음, 오랜 세월의 풍상에 시달려 빛깔이 바랜 봉황문(보물) 아래를 지나 사찰 경내로 오른다.

새로 생긴 거대 출입구에는 아무것도 없지만, 이 길에는 마애불상과 봉황문만이 아니라 푸른 빛깔이 퐁퐁 튀는 산골 물소리가 연신 사람의 마음을 울려준다. 길도 울창한 고목들 아래로 나 있어 줄곧 그늘이다. 단풍철이면 더욱 대단하다는 말은 굳이 발설하지 않아도 좋으리라.

계속 오르면 삼거리가 나오는데, 거기서 왼쪽 길로 오르면 동화사 일원을 관광하게 된다. 그러나 오늘은 그냥 오른쪽으로 접어든다. 동화사의 문화유산들은 하산하는 길에 시원하게 즐기고, 햇살이 뜨거운 지금은 팔공산의 유명 골짜기 중 한 곳인 폭포골로 들어간다.

흔히 '길은 물을 따라 흐른다'고 한다. 하지만 길과 물이 계곡으로 서로 떨어져 있고, 물이 보여도 절벽 아래에 있어 내려갈 수 없는 곳이 대부분이다. 그저 '화중지병畵中之餠(그림 속의 떡)'만 잔뜩 보며 입맛이나 다시다가 하산해야 하는 꼴이 허다하다.

이곳 폭포골은 다르다. 작은 폭포들을 곳곳에 거느린 계곡은 맑고 찬 냇물을 쏟아 줄기차게 청정음을 토해내면서도 줄곧 길을 따라 이어진다.

약 30년 전까지만 해도 폭포골 일대는 대구 시민들의 사랑을 받던 유원지였다. 아직 자가용이 일반화되기 이전이었던 그 무렵, 시민들은 시내버스를 타고 이곳을 찾았다. 폭포골에는 서민이 이용하기에 적합한 작은 주점과 간이식당들이 즐비했다. 시민들은 폭포수가 쏟아지는 소리를 들으며 이곳에서 피로와 더위를 이겨냈었다.

1992년 통일대불이 조성되면서 이곳의 술집 등은 철거되었다. 그러나 '산천은 의구하되 인걸은 간 데 없다'는 시조의 예언처럼, 한잔 마시러 찾아오는 사람들은 거의 없어졌지만 산과 물은 그대로 남아있어 폭포골은 오히려 더 아름다워졌다. 시끄러운 사람 소리들은 사라졌고, 이름 그대로 작은 폭포들이 줄지어 쏟아내는 시원한 물소리와 짙은 녹음이 만들어내는 서늘한 그늘 들은 이곳 폭포골의 원시 상태를 증언하고 있기 때문이다.

동화사로 들어온 사람들은 무턱대고 통일대불 쪽으로 몰려간다. 동화사로 오지 않은 이들은 인근의 갓바위로 운집한다. 물론 종교적 행동이다. 그 결과, 폭포골 물은 한없이 맑아졌고, 나무 그늘은 더욱 시원해졌으며, 산소는 넘쳐 흐른다. 천연의 본 모습을 재현하게 된 것이다.

폭포골의 장점은 또 있다. 걸어서 바른재나 신녕재에 이를 때까지 땡볕에 노출되는 일이 거의 없다는 점이다. 오솔길 같은 등산로는 줄곧 나무 그늘 속에 묻혀 있다. 티없이 여려 보이는 풀들과 무공해 산흙들은 사람들을 위해 곳곳에 편편한 자리까지 만들어 준다.

대구에는 큰 폭포가 없다

대구에는 폭포가 없다. 팔공산 폭포골도 이름은 높지만 정작 들어가 보면 폭포의 자태가 위용과는 거리가 멀다. 큰 바위채를 등지고 떨어지는 물줄기들이 곳곳에 있지만 폭포의 인상은 아니고 그냥 낙수落水 수준이다. 삼베[布]를 확 펼쳐놓은[瀑] 듯이 넓고 흰 물줄기가 허공에서 절벽으로 떨어져야 그게 폭포인데, 폭포골에서 가장 큰 '폭포'도 그 경지에는 한참 모자란다. 그래서 이름도 그냥 '폭포'다. '구룡폭포' 식의 고유 명칭을 얻지 못한 채, 달랑 두 글자 이름 '폭포'에 머물러 있다.

그래도 팔공산 폭포골의 대표 폭포를 골라서, '팔공산 폭포'나 '공산 폭포'식의 이름을 붙여주지 않고 너무 홀대한 게 아니냐는 반문이 있을 수 있다. 하지만 불가능하다. 폭포골 끝까지 올라 신령재에 닿은 다음 되돌아 하산하지 않고 건너편으로 내려가면 제법 위용을 갖춘 폭포가 나타난다. 그 폭포의 이름이 '공산 폭포'이다. 공산과 팔공산은 같은 이름이니, 치산 계곡에 공산폭포가 버젓이 있는 마당에 폭포골 '폭포'를 '팔공산 폭포'라 부를 수는 없다.

팔공산 치산계곡의 공산폭포는 제법 그럴 듯하다. 폭포 낙하 지점에 사람이 들어갈 수 없다는 사실만 보아도 그 위용은 상당한 수준이다. '접근 금지' 밧줄을 붙들고 멀찍이 서 바라보거나, 작은 전망대에 올라 물끄러미 지켜보는 것으로 만족해야 한다. 물줄기가 상당히 위력적인 까닭에 산 아래로 흘러내리는 물살 또한 위협적이기 때문이다.

치산계곡 '공산 폭포'(왼쪽), 폭포골 '폭포'

그러나 공산폭포는 물줄기가 '곧은 절벽'을 떨어지는 것이 아니라서 보는 이의 가슴을 감동으로 물들이지는 못한다. 애써 '삼단 폭포'라는 미명까지 붙여보지만 직선의 웅장한 낙수를 폭포로 여기는 일반적 인식 앞에서는 거의 무용지물이다. 모쪼록 폭포의 물은 직하直下를 해야 한다.

금강산 구룡폭포가 볼 만하다. 치솟은 절벽의 끝에는 기암절벽 뒤로 은밀히 얼굴을 내미는 하늘이 걸려 있고, 폭포의 발원지 좌우로는 칼날 같은 바위들이 포진하고 있다. 오른쪽 벼랑에 김규진의 붓글씨 '彌勒佛'이 새겨져 있는 것도 금상첨화의 미덕이다. 게다가 분단조국의 '잔혹사' 탓에 언제든 자유롭게 구경 올 수 있는 조건도 아니라는 점을 감안하면, 그 안타까움에 짓눌린 채 구룡폭포를 바라보는 눈은 하염없이 감상에 젖는다. 아니나 다를까, 남북관계 악화로 언제 다시 금강산을 밟아보게 될지 알 수 없는 지경에 빠졌으니, 사진으로 다시 보는 구룡폭포의 서늘한 애잔함은 이 무더운 여름의 열기를 짓누르고도 남음이 있다.

금강산 구룡폭포가 우리나라 최고의 폭포인 것은 아니라고 말하고 싶다. 구룡폭포가 백두산에도 있다는 사실을 잊지 말자는 뜻이다. 금강산의 구룡폭포가 단아한 아름다움을 자랑한다면, 백두산의 구룡폭포는 장엄한 웅혼미를 뿜낸다. 어느 폭포가 더 멋지다기보다도, 그 두 폭포는 서로가 갖지 못한 것을 소유하고 있는 '다른' 두 개의 폭포이다.

왜 그 두 폭포가 이름이 같은지 궁금할 수도 있다. 구천九天이 잘 말해주는 바와 같이 구(9)는 극한의 숫자이다. 그리고 용龍은 장엄하고 구불구불한 형체를 말한다. 즉 구룡九龍폭포는 폭과 낙하의 규모가 웅대하고, 만들어낸 계곡수의 굽이가 엄청난 폭포를 가리킨다. 그것이 금강산에도 있고 백두산에도 있는 것이야 천지신명의 조화인데, 굳이 이름을 다르게 지을 까닭이 없다.

폭포는 못 보고 물만 보는 나이아가라 관광

나는 '폭포'가 좋다. 나이아가라 폭포, 대단하지만 그저 크다는 인상만 준다. 1인당 10달러씩 요금을 내고 유람선을 이용하는지만, 물덩이가 낙하하는 인근까지 간신히 갔다가 돌아올 뿐이다. 폭포를 보는 것이 아니라 낙수에서 발생하는 이슬비 같은 는개만 목격할 따름이다. '안개 아가씨호(The Maid of the Mist)'를 타기 전에 챙겨 입은 비옷 덕분에 일상복이 흠뻑 젖는 것은 모면하지만, 숲만 볼 뿐 나무는 보지 못하는 '수박 겉핥기'식 나이아가라 폭포 관광에 그저 '본전 생각'이 간절할 따름이다.

우리나라의 구룡폭포도 떨어지는 물에 발을 담글 수 있는 수준이 아니다. 멀리까지 흘러내려온 계곡물을 즐기는 게 전부다. 그뿐이라면 그나마 다행이다. 근본적 문제는 '갈 수 없는 땅'에 있다는 것이다.

팔공산 폭포골의 이름 없는 '폭포'는 그렇지 않다. 아이 어른 가릴 것 없이 떨어지는 낙수 아래로 가도 언제나 편안하다. 유명하지만 눈으로 보는 데 그쳐야 하는 그런 거대 폭포보다, 이름도 없지만 폭포수 속에 손을 담그고 두 발로 걸어볼 수도 있는 그런 무명의 폭포가 좋다. 비유하자면, 거대폭포는 부귀영화를 가졌지만 정이 없는 친인척이고, 이름 없는 폭포는 가난하되 눈물과 웃음을 서로 나누며 사는 '이웃사촌'이다. 시내버스를 타고 가서 하루 종일 풍덩거리다가 해질 무렵 집으로 돌아올 수 있는 이웃사촌 폭포, 나는 그런 이름 없는 '폭포'가 좋다. ▮

<대한제국 의열 독립운동사>를 쓴 이유

명성황후 살해범 처단부터 황현 자결까지

제5차 교육과정 고등학교 국정 국사 교과서는 '1910년대를 대표하는 독립운동 단체는 광복회였다'라고 소개했다. 광복회는 대구 달성토성에서 결성되었다. 그러나 달성토성에는 광복회를 소개하는 안내판 하나 없다.

1920년대를 대표하는 의열 독립운동 단체는 의열단이었다. 의열단은 대구은행 직원이던 이종암이 만주로 망명하며 가져간 자금을 활용해 창립되었다. 지사가 군자금을 조달했던 건물은 독립운동사에 남을 만한 유적임에도 불구하고 지난 여름 아파트를 짓는다고 부수어버렸다.

우리의 정신사는 이런 수준인가? 한탄하지 않을 수 없다. 이종암 지사가 운명 직전 잠시 머물렀던 집이 대구 남산동에 허물어지기 직전 상태로 남아 있는데, 생가가 아닌데도 '생가터'라는 안내판이 붙어 있다. 틀렸다고 지적해도 계속 그대로 있다.

우리 국민들은 김구, 안중근, 윤봉길, 유관순 등 유명 독립운동가만 알 뿐 그 외 지사들에 대해서는 거의 관심을 보이지 않는 경향이 있다. 그러다 보니 독립운동 관련 현장들도 무성의하게 관리된다. 앞에 거론한 광복회 창립지와 의열단 유적

등이 참담할 지경으로 홀대받는 현상도 그런 사회 분위기 탓이다.

경술국치 이전의 독립운동사는 더욱 관심 밖에 놓여 있다. 나라가 아직 완전히 망하지는 않은 까닭에 어쩐지 독립운동이 아니라 의병항쟁으로 보여서 그런지도 모른다. 하지만 '국모'가 일본인과 그 하수인 반민족행위자들에게 살해당하는 형편의 국가를 자주독립국으로 자화자찬할 수는 없다.

일제에 강점당한 기간을 늘일 수는 없지만, 사실상의 독립운동에 헌신한 선열들의 피끓는 마음을 잊거나 가벼이 여기는 일은 결코 있어서 안 된다. 그래서 명성황후 시해사건, 즉 을미사변에 적극 가담한 국내인을 처단한 의열투쟁을 이 책의 첫머리로 삼았다.

1903년 11월 24일, 고영근 등 지사들이 일본까지 찾아가 을미사변 중요 범인 중 하나인 우범선을 처단했다. 우범선은 '씨 없는 수박'의 유명한 우장춘의 아버지이다. 굳이 그 사실을 밝히는 것은 반민족행위자를 역사에 더욱 분명하게 아로새기기 위한 조치일 뿐 연좌제의 불합리성을 인식하지 못해서는 아니다. (중략)

졸저를 세상에 내놓는 행위도 주제에 따라서는 지식인의 책무를 일부나마 실천하는 일로 간주되기도 한다. 물론 책의 수준이 낮으니 저자는 언젠가 "가을 등불 아래 책 덮고 옛일을 돌아보며" 본인의 행적에 남몰래 얼굴 붉힐 날과 마주치게 되리라. 책 안에 최대한 많은 선열들의 성함과 활동을 수록했다는 사실로 자위하고 격려하는 도리밖에 없으리라.

독립운동정신 계승과 확산이 목표
<대구 독립운동유적 120곳 답사여행 1, 2, 3>

2018년 대구출판산업지원센터의 지역우수출판콘텐츠 공모에 선정되어 <대구 독립운동유적 100곳 답사여행>을 펴냈는데, 그 졸저가 2019년 대구시 선정 '올해의 책'에도 뽑혔습니다. 여러모로 부족한 책인데도 대구의 독립운동가와 유적지에 관심을 가진 분들께 약간이나마 참고가 되는 저서를 썼다는 보람을 느낀 사건이었습니다.

그 후 시간이 지나면서 출판해둔 책의 여분이 없어져가는 중에, 경상북도 군위군이 대구광역시에 편입되는 사건이 일어났습니다. 자연스레 독립운동 유적의 숫자가 늘어난 것입니다. 게다가 이육사가 17년 동안 살았던 남산동 집과 의열단 부단장 이종암 지사가 독립운동자금을 조달했던 옛 대구은행 건물이 멸실되는 불상사도 일어났습니다. (중략) 그 밖에도 어떤 내용은 좀 더 상세하게 다루어 달라는 주문도 수용해야 했습니다. 예를 들면 '대구 권총 사건', '앞산 안일암 조선국권회복단 창립', '달성토성 광복회 결성', '이상화, 현진건 등 명망가들의 활동' 등이었는데, 고심 끝에 소설 형식으로 해설을 해서 독자의 흥미와 실감을 북돋우려 애를 썼습니다.

그 결과, <대구 독립운동유적 100곳 답사여행>이 본래 360쪽이나 되어 일반 서적으로는 지나치게 두꺼웠는데, 이제 더 부피가 크고 무거운 책이 될 지경이 되어버렸습니다. 어떻게 할까 궁리를 하다가 분권을 하기로 했습니다. 가지고 다니기 적당한 판형과 두께의 책을 선호하는 요즘 유행을 따르기로 한 것입니다.

제 1권은 <대구 독립운동유적 120곳 답사여행 1 –달서구, 남구 편>, 제 2권은 <대구 독립운동유적 120곳 답사여행 2 –동구, 북구, 수성구, 달성군 편>, 제 3권은 <대구 독립운동유적 120곳 답사여행 3 –중구, 군위군 편>입니다.

대구의 많은 독립운동유적지를 다시 답사하였는데, 안타까운 마음은 6년 전이나 별로 다르지 않았습니다. "1910년대에 가장 활발하게 활동한 독립운동단체는 광복회였다(제5차 교육과정 고등학교 국정 국사 교과서)"라는 평가를 받는 광복회 결성지 달성토성에조차 안내판 하나 '여전히' 없었습니다.

(중략) 앞으로는 나아지겠지, 하는 희망을 품고 전면 증보판을 출간합니다. 세 권을 합해서 모두 639쪽이 되었지만, 대구의 독립운동가와 유적지에 관심을 가진 분들에게는 종전보다 좀 더 나은 길라잡이가 될 수 있으리라 삼가 믿습니다.

《대구 팔공산 역사문화유산 답사여행》을 펴내며

많은 문인들이 친일 행각을 벌인 1940년대에도 '일장기말소의거'의 현진건은 창씨개명創氏改名까지 거부하고 끝까지 일제에 맞섰습니다. 조선총독부는 현진건 창작집《조선의 얼골》에 판매금지 처분을 내렸고, 신문연재 중이던〈흑치상지〉도 강제로 중단시켰습니다. 현진건은 울화와 가난과 병환으로 어렵게 살다가 끝내 43세 젊은 나이에 세상을 떠났습니다.

하지만 '참작가'[1]로 추앙받는 "한국 단편소설의 아버지"[2] 현진건은 대구 생가도 서울 고택도 남아 있지 않고, 서울 확장 과정에서 묘소마저 없어졌습니다. 물론 '현진건 기념관' 등의 이름을 가진 공간도 없습니다. 우리가 이토록 현진건을 홀대해도 되는 것일까요?

'현진건玄鎭健학교('참작가'현진건 현창회)'는 현진건을 현창·추념하기 위해 다양한 교육·출판·행사 등을 펼쳐왔습니다. 그 핵심이 매달 펴내는《빼앗긴 고향》입니다. 시리즈 전체의 제호《빼앗긴 고향》은 현진건과 이상화가 절친한 벗이었고, 두 분 모두 독립유공자이자 민족문학가였으며, 타계일마저 1943년 4월 25일로 같다는 사실을 담은 이름으로, 김은국〈Lost Names〉를 본떠 상화 '빼앗긴 들에도 봄은 오는가'와 빙허 '고향'의 심상을 합한 것입니다.

그러므로《빼앗긴 고향》이 현진건의 문학과 삶을 널리 알

---

1) 현길언,《문학과 사랑과 이데올로기》(태학사, 2000), 14쪽.
2) 김윤식·김현,《한국문학사》(민음사, 1973), 153쪽.

리는 과업에 이바지할 수 있는 글들을 주로 수록하고, 《대한제국 의열 독립운동사》, 《대구 독립운동유적 120곳 답사여행 1- 달서구·남구 편》, 《대구 독립운동유적 120곳 답사여행 2- 동구·북구·수성구·달성군 편》, 《대구 독립운동유적 120곳 답사여행 3- 중구·군위군 편》 등의 단행본을 출간해온 데에는 현진건의 민족정신을 계승하려는 현진건학교의 의지가 담겨있다 하겠습니다.

평론문 〈조선혼魂과 현대정신의 파악(1926)〉에서 "조선문학인 다음에야 조선의 땅을 든든히 딛고 서야 될 줄 안다. (중략) 조선혼과 현대정신의 파악! 이것이야말로 우리 문학의 생명이요 특색"이라고 강조했던 현진건은 직접 장편 기행문 〈고도古都 순례 경주(1929)〉와 〈단군 성적聖蹟 순례(1932)〉를 신문에 연재해 민족의식을 고취했습니다. 이 책 《대구 팔공산 역사문화자연유산 답사여행》 발간은 '현진건 정신'을 오늘에 되살리려는 현진건 학교의 활동 중 한 가지입니다.

《대구 비슬산 역사문화자연유산 답사여행》, 《대구 앞산 역사문화자연유산 답사여행》, 《경주 남산·낭산 역사와 답사》를 펴낸 것도 같은 뜻의 발로였습니다. 아무쪼록 현진건학교의 애씀이 현진건·이상화 등 올곧고 위대한 민족문학가·독립운동가·공동체를 위해 헌신한 분들을 현창하는 과업과, 우리나라의 모든 향토를 살피고 보듬는 일에 조금이나마 이바지할 수 있기를 기원하면서, 회원·독자 여러분의 적극적 동참을 기대합니다. 정만진

'참 작가' 현진건!

무수한 명사들이 친일로 변절한 1940년대에 창씨개명까지 거부하며 일제에 맞선, 1936년 일장기 말소의거를 일으켰던 독립유공자이자 '고향', '운수 좋은 날', '술 권하는 사회', '흑치상지', '적도', '무영탑' 등의 사실주의 소설로 항일 의식을 고취했던 민족문학가!

그러나 그 흔하디흔한 문학관은 물론, 생가도 고택도 남아 있지 않고, 무덤조차도 없는 현진건!

우리가 현진건을 이토록 홀대해도 되는 것일까요? **현진건玄鎭健학교**는 현진건 선생을 현창하기 위해 매달 한 권 이상의 <빼앗긴 고향>을 발간하고 있습니다. 이 책 <대구 팔공산 역사문화자연유산 답사여행>도 그 중 한 권입니다. 회원으로 가입하시면 <빼앗긴 고향>에 글을 발표할 수 있고, 답사 등 여러 활동에 즐겁게 참여할 수 있습니다. 삶의 새로운 활력이 될 것입니다. 회비는 월 15,000원(농협 302-1227-7465-7)으로 매달 책을 보내드립니다. 010-5151-9696(정만진)에 성명과 주소를 문자로 보내시면 됩니다.

오른쪽에 판권지가 있습니다